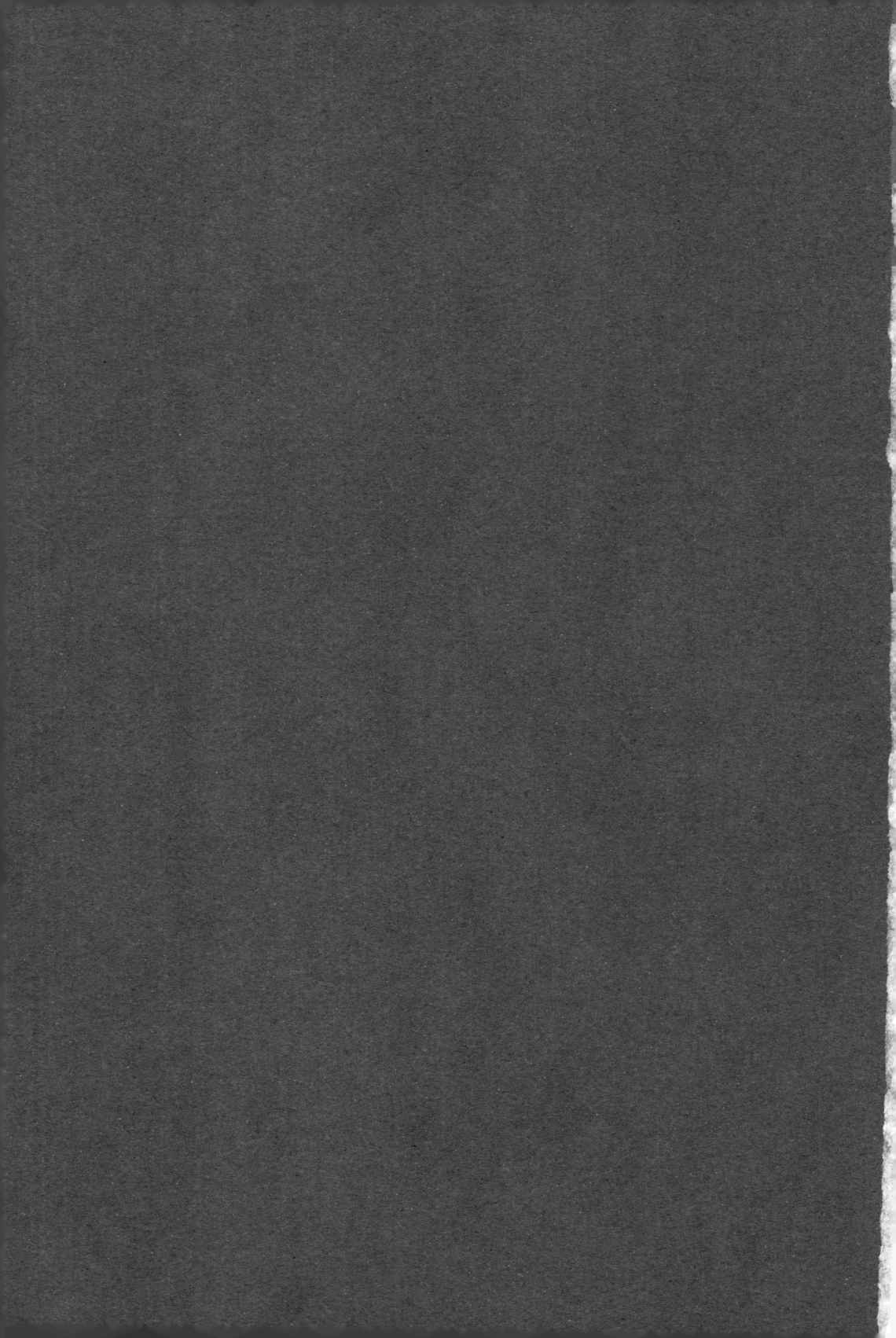

牟宗三 作品

中国哲学的特质

牟宗三 著

九州出版社

图书在版编目（CIP）数据

中国哲学的特质 / 牟宗三著. -- 北京 : 九州出版
社, 2025. 3. -- ISBN 978-7-5225-3583-8

Ⅰ. B2-49

中国国家版本馆CIP数据核字第2025DZ0255号

本著作物经北京阅享国际文化传媒有限公司独家代理，
由台湾学生书局有限公司授权在中国大陆独家出版、发行中
文简体版。

著作权合同登记号：图字01-2024-4391

中国哲学的特质

作　　者　牟宗三　著
选题策划　于善伟
责任编辑　王　佶
封面设计　吕彦秋
出版发行　九州出版社
地　　址　北京市西城区阜外大街甲35号（100037）
发行电话　（010）68992190/3/5/6
网　　址　www.jiuzhoupress.com
印　　刷　鑫艺佳利（天津）印刷有限公司
开　　本　710毫米×1000毫米　16开
印　　张　7.5
字　　数　81千字
版　　次　2025年5月第1版
印　　次　2025年5月第1次印刷
书　　号　ISBN 978-7-5225-3583-8
定　　价　36.00元

出版说明

　　牟宗三先生（1909—1995），字离中，山东栖霞人，当代新儒家代表人物之一。牟先生曾自述，从大学读书以来，六十年中只做一件事，即"反省中华民族之文化生命，以重开中国哲学之途径"。他一生著作等身，其学术功绩大略可归为五点：一是全面表述"儒、释、道"三教的义理系统；二是开显儒家新外王的道路；三是全译康德三大批判，创造世界新纪录；四是积极消化康德：真美善之新诠释；五是中西哲学之省察与中西哲学之会通。

　　这套"牟宗三作品"遴选了牟先生五种著作，包括《心体与性体》（宋明理学）、《中国哲学的特质》（以儒家义理为主流）、《历史哲学》（以国史观时代之精神发展，本内圣之学解决外王事功）、《中西哲学之会通十四讲》（会通中西哲学）、《人文讲习录》（综括儒家义理、外王之学、西方哲学等），能够较好地反映牟先生的学术思想。

　　五种著作均以其初版或通行之增订版为底本，并参校2003年联经版《牟宗三先生全集》各单行本。译名方面，西哲名称采用通行译法；

文字方面，以现代汉语规范为依据；内容方面，除对个别内容修改外，其他均保持原貌。

九州出版社

再版自序

　　此小册便于初学，但因是简述，又因顺记录文略加修改而成，故不能期其严格与精密。倘有不尽、不谛或疏阔处，尤其关于《论》《孟》与《中庸》《易传》之关系处倘有此病，则请以《心体与性体》之"综论"部为准，以求谛当，勿以此而生误解也。

　　此讲辞以儒家为主，盖以其为主流故也。若通过《才性与玄理》《心体与性体》《佛性与般若》，再加以综括之简述，则当更能尽"中国哲学的特质"一题名之实，而凡所述者亦当更能较精当而切要。唯如此之简述，内容虽可较丰富，然与西方哲学相对较以显特质，即使不加上道家与佛教，亦无本质的影响也。故此小册题名曰《中国哲学的特质》，纵使内容只限于儒家，亦无过。

牟宗三　序于香港

一九七四年八月

小序

　　本讲演是香港大学校外课程部所规定的题目。约定十二次讲完，每次一小时。在这十二次里，想把中国哲学的特质介绍给社会上公余之暇的好学之士，当然是不很容易的。如果是轻松地泛泛地讲述，那当然比较具体一点，听起来也比较有兴趣。但这样恐怕不会有真正的了解，也不是这个时代讲中国学问之所宜。因此，我采取了直接就中国学问本身来讲述的办法。这也许听起来比较艰难一点。但若因此而稍能把握一点中国学问之内在本质，或即不能把握，而艰难之感中，引起对于中国学问之正视与敬意，这也并非无益处。

　　中国哲学包含很广。大体说来，是以儒、释、道三教为中心。但我这里是以中国土生的主流——儒家思想，为讲述的对象。其余皆无暇涉及。

　　本讲演并无底稿。在讲述时，托王煜同学笔录。口讲与自己撰文不同，而笔录与讲述之间亦不能说无距离。如果我自己正式撰文，也许比较严整而详尽。但有这个时间限制的机会，也可以逼迫我做一个疏略而扼要的陈述。这也自有其好处。而王君的记录也自有其笔致。换一支笔来表达，也自有其新鲜处。顺其笔致而加以修改，也觉得与我的原意并不太差。紧严有紧严的好处，疏朗有疏朗的好处。是在读者借此深造而自得之。

目 录

第一讲

引论：中国有没有哲学？

中西哲学，由于民族气质、地理环境与社会型态的不同，自始即已采取不同的方向。经过后来各自的发展，显然亦各有其不同的胜场。但是中国本无"哲学"一词。"哲学"一词源自希腊。这是大家所熟知的。我们现在把它当做一通名使用。若把这源自希腊的"哲学"一名和西方哲学的内容合在一起，把它们同一化，你可以说中国根本没有哲学。这个时代本是西方文化当令的时代，人们皆一切以西方为标准。这不但西方人自视是如此，民国以来，中国的知识分子一般说来，亦无不如此。所以有全盘西化之说。中国以往没有产生出科学，也没有开出民主政治。这是不待言的。说宗教，以基督教为准，中国的儒、释、道根本没有地位。说哲学，中国没有西方式的哲学，所以人们也就认为中国根本没有哲学。这样看来，中国文化当真是一无所有了。构成一个文化的重要成分、基本成分，中国皆无有，哪里还能说文化？其实何尝是如此？说中国以往没有开发出科学与民主政治，那是事实。说宗教与哲学等一起皆没有，那根本是霸道与无知。人不可以如此势利。这里当该有个分别。西方人无分别，还可说。中国人自己也无分别，那就太无出息了。

"五四"前后，讲中国思想的，看中了《墨子》，想在《墨子》里翻筋斗。其他皆不能讲。既无兴趣，也无了解。原来中国学术思想中，合乎西方哲学系统的微乎其微。当时人心目中认为只有《墨子》较为接近美国的实验主义。实则墨学的真精神，彼等亦不能了了。彼等又大讲《墨辩》。盖因此篇实含有一点粗浅的物理学的知识，又含有一点名学与知识论。虽然这些理论都极为粗浅，而又语焉不详，不甚可解，但在先秦诸子思想中，单单这些已经足够吸引那些浅尝西方科学哲学的中国学者。因此，研究《墨子》，其实是《墨辩》，一时蔚为风气。钻研于单词碎义之中，校正训诂，转相比附。实则从这里并发现不出真正科学的精神与逻辑的规模。而那些钻研的人对于逻辑与西方哲学，也并无所知，连入门都不可得，更不用说登堂入室了。舍本逐末，以求附会其所浅尝的那点西方哲学，而于中国学术之主流，则反茫然不解。

后来冯友兰写了一部《中国哲学史》，彼在自序里自诩其中之主要观点是正统派的。可是冯书之观点实在不足以言正统派。冯书附有陈寅恪和金岳霖二先生的审查报告。其中陈氏多赞美之语，如说冯书"能矫附会之恶习，而具了解之同情"。此实亦只貌似如此，何尝真是如此？陈氏是史学家，对于中国思想根本未曾深入，其观冯书自不能有中肯之判断。至于金岳霖先生，他是我国第一个比较能精通西方逻辑的学者，对于西方哲学知识论的训练也并不十分外行。他看出冯书"讨论《易经》比较辞简，而讨论惠施与公孙龙比较的辞长。对于其他的思想，或者依个人的意见，遂致无形地发生长短轻重的情形亦未可知"。金氏虽知冯氏之思想倾向于西方的新实在论，但是力言冯氏并未以实在主义的观点批评中国思想。这虽在冯书第一篇容或如此，但在第二篇就不见得如此。冯氏以新实在论的思想解析朱子，当然是错的。以此成见为准，于述及别的思想，如陆、王，字里行间当然完全不相干，而且时露贬辞。这即表示其对于宋明儒者的问题根本不能入。对于佛学尤其外行。此皆为金氏所不及知。金氏早声明他对于中国哲学是外行。我们自不怪他。

同时冯书另一致命缺点，那就是分期的问题。冯书分二篇。首篇名为《子学时代》，自孔子以前直至秦汉之际，类似西方古希腊时代。次篇名为《经学时代》，由汉初至清末民初之廖季平，这又类似西方的中纪。但并无近代。冯氏以西方哲学之分期方式套在中国哲学上，显为大谬。至于冯书特别提出并且注重名学，对《墨辩》《荀子·正名》篇，以及惠施、公孙龙等的名学所作的疏解，当然并非无价值。而且对中国名学之特别重视，仿佛提供了研究中国哲学一条可寻的线索。可惜先秦的名学只是昙花一现，日后并未发展成严整的逻辑与科学方法。所以名学不是中国哲学的重点，当然不可从此来了解中国之传统思想。故冯氏不但未曾探得骊珠，而且其言十九与中国传统学术不相应。

中国学术思想既鲜与西方相合，自不能以西方哲学为标准来定取舍。若以逻辑与知识论的观点看中国哲学，那么中国哲学根本没有这些，至少可以说贫乏极了。若以此断定中国没有哲学，那是自己太狭陋。中国有没有哲学，这问题甚易澄清。什么是哲学？凡是对人性的活动所及，以理智及观念加以反省说明的，便是哲学。中国有数千年的文化史，当然有悠长的人性活动与创造，亦有理智及观念的反省说明，岂可说没有哲学？任何一个文化体系，都有它的哲学。否则，它便不成其为文化体系。因此，如果承认中国的文化体系，自然也承认了中国的哲学。问题是在东西哲学具有不同的方向和型态。说中国没有"希腊传统"的哲学，没有某种内容型态的哲学，是可以的。说中国没有哲学，便是荒唐了。西方的哲学工作者，历来均有无视东方哲学的恶习，所以他们的作品虽以哲学史为名，而其中竟无只字提及东方的哲学。如此更易引起一般人的误会，以为东方哲学无甚可观，甚至以为东方全无哲学。哲学就等于西方哲学，哲学尽于西方。二次大战前后，罗素始一改西方哲学史作者的传统态度，名其书为《西方哲学史》，本"不知盖阙"的态度，不讲东方，但无形中已承认了东方哲学的存在。罗素又著《西方之智慧》（Wisdom of the West），不名为人类之智慧，特标"西方"二字，亦可见他对东方并未忽视。时至今日，东西方都应互相尊重平视，借以调整、充实并滋润其文化生命。西方人若仍固步自封，妄自尊大，那也只是迷恋其殖民主义恶习之反映。中国人少数不肖之徒，若再抵死糟蹋自己，不自爱重，那只可说是其买办之奴性已成，自甘卑贱，这只是中国之败类。

中国既然确有哲学，那么它的型态与特质怎样？用一句最具概括性的话来说，就是中国哲学特重"主体性"（Subjectivity）与"内在道德性"（Inner-morality）。中国思想的三大主流，即儒、释、道三教，都重主体性，然而只有儒思想这主流中的主流，把主体性复加以特殊的规定，而成为"内在道德性"，即成为道德的主体性。西方哲学刚刚相反，不重主体性，而重客体性。它大体是以"知识"为中心而展开的。它有很好的逻辑，有反省知识的知识论，有客观的、分解的本体论与宇宙论：它有很好的逻辑思辨与工巧的架构。但是它没有好的人生哲学。西方人对于人生的灵感来自文学、艺术、音乐，最后是宗教。但是他们的哲学却很少就文学、艺术、音乐而说话。他们的哲学史中并没有一章讲耶稣。宗教是宗教，并不是哲学。宗教中有神学，神学虽与哲学有关，而毕竟仍是神学，而不是哲学的重点与中点。哲学涉及之，是哲学的立场，不是宗教的立场。他们有一个独立的哲学传统，与科学有关，而独立于科学；与宗教、神学有关，而独立于宗教、神学。而且大体还是环绕科学中心而展开。中点与重点都落在"知识"处，并未落在宗教处，即，并不真能环绕宗教中心而展开。但是中国哲学却必开始于儒、道两家。中国哲学史中，必把孔子列为其中之一章。孔子自不像耶稣式的那种宗教家，亦不类西方哲学中的那种哲学家。你如果说他是苏格拉底，那当然不对。印度哲学中亦必须把释迦牟尼佛列为一章。释迦亦不类耶稣那种宗教家，亦不像西方哲学中那种哲学家。但是孔子与释迦，甚至再加上老子，却都又有高度的人生智慧，给人类决定了一个终极的人生方向，而且将永远决定着，他们都取得了耶稣在西方世界中的地位之地位。但他们都不像耶教那样的宗教，亦都不只是宗教。学问亦从他们的教训、他们所开的人生方向那里开出。观念的说明，理智的活动，高度的清明圆融的玄思，亦从他们那里开出。如果这种观念的说明，理智的活动，所展开的系统，我们也叫它是哲学，那么，这种哲学是与孔子、释迦所开的"教"合一的：成圣成佛的实践与成圣成佛的学问是合一的。这就是中国式或东方式的哲学。

它没有西方式的以知识为中心，以理智游戏为一特征的独立哲学，也没有西方式的以神为中心的启示宗教。它是以"生命"为中心，由此展开他们的教训、智慧、学问与修行。这是独立的一套，很难吞没消解于西方式的独立哲学中，亦很难吞没消解于西方式的独立宗教中。但是它有一种智慧，它可以消融西方式的宗教而不见其有碍，它亦可以消融西方式的哲学而不见其有碍。西方哲学固是起自对于知识与自然之解释与反省，但解释与反省的活动岂必限于一定型态与题材耶？哲学岂必为某一型态与题材所独占耶？能活动于知识与自然，岂必不可活动于"生命"耶？以客观思辨理解的方式去活动固是一型态，然岂不可在当下自我超拔的实践方式，现在存在主义所说的"存在的"方式下去活动？活动于知识与自然，是不关乎人生的。纯以客观思辨理解的方式去活动，也是不关乎人生的，即存在主义所说的不关心的"非存在的"。以当下自我超拔的实践方式，"存在的"方式，活动于"生命"，是真切于人生的。而依孔子与释迦的教训，去活动于生命，都是充其极而至大无外的。因此，都是以生命为中心而可通宗教境界的。但是他们把耶教以神为中心的，却消融于这以"生命"为中心而内外通透了。既能收，亦能放。若必放出去以神为中心，则亦莫逆于心，相视而笑，而不以为碍也。众生根器不一，何能局限于某一定型而必自是而非他？

中国哲学以"生命"为中心。儒、道两家是中国所固有的。后来加上佛教，亦还是如此。儒、释、道三教是讲中国哲学所必须首先注意与了解的。两千多年来的发展，中国文化生命的最高层心灵，都是集中在这里表现。对于这方面没有兴趣，便不必讲中国哲学。对于以"生命"为中心的学问没有相应的心灵，当然亦不会了解中国哲学。以西方哲学为标准，来在中国哲学里选择合乎西方哲学的题材与问题，那将是很失望的，亦是莫大的愚蠢与最大的不敬。

附识：西方哲学亦很复杂。大体说来，可分为三大骨干：一、柏拉图、亚里士多德为一骨干，下赅中世纪的正宗神学。二、莱布尼茨、罗素为一骨干，旁及经验主义、实在论等。三、康德、黑格尔为一骨干。这三个骨干当然亦有互相出入处，并不是完全可以截然分得开。如果从其大传统的理想主义看，虽其活动大体亦自知识中心而展开，然而充其极而成其为理想主义者，亦必最后以道德宗教为中心。从柏拉图、亚里士多德，下及中世纪的圣托马斯，以至近世的康德、黑格尔，与夫眼前海德格尔（Heidegger）的"存在哲学"，从其最后涉及道德宗教的哲理说，这一传统是向重"主体性"的主体主义而发展的。现在德国有一位名叫缪勒（Muller）的，他讲述海德格尔的存在哲学，文中即宣称柏拉图、亚里士多德，下赅中世纪的圣托马斯，以及近世的康德、黑格尔（包括费希特、谢林等），都是主体主义。他当然分别开古典的主体主义之处理人生道德问题，与康德、黑格尔的主体主义之处理人生道德问题之不同。

他并宣称他们都不能面对具体存在的人生，在人生方向、道德决断上，作一个当下存在的决断。所以他宣称他们的哲学皆不能适应这个动荡不安、危疑不定的时代。他由此显出海德格尔的存在哲学之特色。据我们看，说柏拉图、亚里士多德，下赅中世纪的圣托马斯等，是主体主义，未免牵强。他们当然涉及主体（灵魂、心等），但是他们并不真能成为主体主义。必发展至康德、黑格尔，主体主义始真能彻底完成。不至主体主义，严格讲，并不真能接触道德宗教的真理。说康德、黑格尔的主体主义（理想主义）亦不能在人生方向、道德决断上，作一个当下存在的决断，在某义上，亦是可以说的。但这并非不可相融。存在主义，自克尔凯郭尔（Kierkegaard）起，即十分重视主体性，这当然是事实。发展至今日的海德格尔，虽注重"存在的决断"，让人从虚伪掩饰的人生中"站出来"，面对客观的"实有"站出来，此似向"客观性"走（这本亦是承继克氏而转出的），然说到家，他并不真能反对主体主义。在这里，最成熟的智慧是主观性与客观性的统一，是普遍原理（泛立大本）与当下决断的互相摄契。我看西方哲学在这一方面的活动所成的理想主义的大传统，最后的圆熟归宿是向中国的"生命之学问"走。不管它如何摇摆动荡，最后向这里投注。如果顺"知识"中心而展开的知识论，以及由之而展开的外在的、观解的形上学看，这当然是中国哲学之所无，亦与中国哲学不同其型态。近时中国人只知道一点经验主义、实在论、唯物论、逻辑分析等类的思想，当然不会了解中西理想主义的大传统。就是因表面的障碍，不喜欢中国这一套吧，那么就从西方哲学着手也是好的。对于西方哲学的全部，知道得愈多，愈通透，则对于中国哲学的层面、特性、意义与价值，也益容易照察得出，而了解其分际。这不是附会。人的智慧，不管从哪里起，只要是真诚与谦虚，总是在长远的过程与广大的层面中开发出的，只要解悟与智慧开发出，一旦触之，总是沛然也。今人之不解不喜中国哲学，并不表示他们就了解西方哲学。

第二讲
中国哲学的重点何以落在主体性与道德性？

　　希腊最初的哲学家都是自然哲学者，特别着力于宇宙根源的探讨，如希腊哲学始祖泰勒斯（Thales）视水为万物根源，阿那克西米尼（Anaximenes）视一切事物由空气之凝聚与发散而成，毕达哥拉斯（Pythagoras）归万象于抽象的数（数目 Number 或数量 Quantity），德谟克利特（Democritus）则以为万物由不可分的原子构成，至恩培多克勒（Empedocles）又主张万物不外地、水、风、火四元素的聚散离合，阿那克萨戈拉（Anaxagoras）更谓万物以无数元素为种子，并且假定精神的心灵之存在，由此而说明种子之集散离合。以上诸家均重视自然的客观理解。至希腊第二期的哲学家才开始注重人事方面的问题，如苏格拉底所言正义、美、善、大等概念，柏拉图所主的理想国，及亚里士多德伦理学所讲的至善、中道（Mean）、公平、道德意志、友谊与道德之类，都是人类本身而非身外的自然问题。然而，他们都以对待自然的方法对待人事，采取逻辑分析的态度，作纯粹理智的思辨。把美与善作为客观的求真对象，实与真正的道德无关。由于他们重分析与思辨，故喜欢对各观念下定义。如辨不说谎或勇敢即为正义，由此引申以求正义的定义，显然这是理智的追求。自苏格拉底首先肯定（形而上的）理型（Idea）的功用，柏拉图继而建立理型的理论（Theory of Idea），由之以说明客观知识之可能。并研究理型之离合，由之以说明真的肯定命题与真的否定命题之可能。如是遂建立其以理型为实有的形式体性学。亚里士多德继之，复讲形式与材质的对分，上而完成柏拉图所开立的宇宙论，下而创立他的逻辑学。他们这种理智思辨的兴趣，分解的精神，遂建立了知识论，客观而积极的形上学——经由客观分解构造而建立起的形上学。这种形上学，吾名之曰观解的形上学（Theoretical Metaphysics），复亦名之曰"实有型态"的形上学（Metaphysics of Being-form）。这是中国思想中所不着重的，因而亦可说是没有的。即有时亦牵连到这种分解，如顺阴阳气化的宇宙观，发展到宋儒程朱一系，讲太极、理气，表面上亦似类乎这种形上学，然实则并不类。它的进路或出发点并不是希腊那一套。它不是由知识上的定义入手的。所以它没有知识论与逻辑。它的着重点是生命与德性。它的出发点或进路是敬天爱民的道德实践，是践仁成圣的道德实践，是由这种实践注意到"性命天道相贯通"而开出的。

中国的哲人多不着意于理智的思辨，更无对观念或概念下定义的兴趣。希腊哲学是重知解的，中国哲学则是重实践的。实践的方式初期主要是在政治上表现善的理想，例如尧、舜、禹、汤、文、武诸哲人，都不是纯粹的哲人，而都是兼备圣王与哲人的双重身份。这些人物都是政治领袖。与希腊哲学传统中那些哲学家不同。在中国古代，圣和哲两个观念是相通的。"哲"字的原意是明智，明智加以德性化和人格化，便圣了。因此"圣""哲"二字常被连用而成一词。圣王重理想的实践，实践的过程即为政治的活动。此等活动是由自己出发，而关联着人、事和天三方面。所以政治的成功，取决于主体对外界人、事、天三方面关系的合理与调和；而要达到合理与调和，必须从自己的内省修德做起，即是先要培养德性的主体，故此必说"正德"然后才可说"利用"与"厚生"。中国的圣人，必由德性的实践，以达政治理想的实践。

从德性实践的态度出发，是以自己的生命本身为对象，绝不是如希腊哲人之以自己生命以外的自然为对象，因此能对生命完全正视。这里所说的生命，不是生物学研究的自然生命（Natural Life），而是道德实践中的生命。在道德的理想主义看来，自然生命或情欲生命只是生命的负面，在正面的精神生命之下，而与动物的生命落在同一层次。老子说："何谓贵大患若身？吾所以有大患者，为吾有身；及吾无身，吾有何患？"（《道德经》第十三章）。所谓"有身"的大患，便是植根于自然生命的情欲。耶教所言的原罪、撒旦，佛教所说的业识、无明，均由此出。佛、道二家都很重视生命的负面。在他们的心目中，人的生命恒在精神与自然的交引矛盾之中，因此如要做"正德"的修养功夫，必先冲破肉体的藩篱，斩断一切欲锁情枷，然后稍稍可免有身的大患，把精神从躯体解放出来，得以上提一层。可见释、道两家的正德功夫是谈何容易！儒家则与释、道稍异其趣，他们正视道德人格的生命，使生命"行之乎仁义之涂"，以精神生命的涵养来控制情欲生命，所以儒家的正德功夫说来并不及佛道的困难。另一方面，儒家的正视生命，全在道德的实践，丝毫不像西洋的英雄主义，只在生命强度的表现，全无道德的意味。譬如周文王的三分天下有其二，便是由于他能积德爱民。为王而能积德爱民，固为生命强度的表现，但其实不只此。因为西方英雄的表现，大都为情欲生命的强度，而中国圣王的表现，是必然兼有而且驾临于情欲生命强度的道德生命强度。

中国哲学之重道德性是根源于忧患的意识[①]。中国人的忧患意识特别强烈，由此种忧患意识可以产生道德意识。忧患并非如杞人忧天之无聊，更非如患得患失之庸俗。只有小人才会长戚戚，君子永远是坦荡荡的。他所忧的不是财货权势的未足，而是德之未修与学之未讲。他的忧患，终生无已，而永在坦荡荡的胸怀中。文王被囚于羑里而能演《易》，可见他是多忧患且能忧患的圣王。我们可从《易经》看出中国古代的忧患意识。《系辞下》说："《易》之兴也，其于中古乎？作《易》者，其有忧患乎？"又说："《易》之兴也，其当殷之末世，周之盛德耶？当文王与纣之事耶？"可见作《易》者很可能生长于一个艰难时世，而在艰难中镕铸出极为强烈的忧患意识。《易·系》又描述上天之道"显诸仁，藏诸用，鼓万

---

① "忧患意识"是友人徐复观先生所首先提出的一个观念。请参看他的《周初宗教中人文精神之跃动》一文。见《中国人性论史·先秦篇》第二章。这是一个很好的观念，很可以借以与耶教之罪恶怖栗意识及佛教之苦业无常意识相对显。下讲"忧患意识中之敬、敬德、明德与天命"，亦大体根据徐先生该文所整理之线索而讲述。请读者仔细参看该文。

物而不与圣人同忧"。这是说天道在万物的创生化育中、仁中显露。（"天地之大德曰生。"仁，生德也。故曰"显诸仁"。）在能创生化育的大用（Function）中潜藏。它鼓舞着万物的化育，然而它不与圣人同其忧患。（"鼓之舞之以尽神。"神化即天道，自无所谓忧患。）程明道常说的"天地无心而成化"，便是这个道理。上天既无心地成就万物，它当然没有圣人的忧患。可是圣人就不能容许自己"无心"。天地虽大，人犹有所憾，可见人生宇宙的确有缺憾。圣人焉得无忧患之心？他所抱憾所担忧的，不是万物的不能生育，而是万物生育之不得其所。这样的忧患意识，逐渐伸张扩大，最后凝成悲天悯人的观念。悲悯是理想主义者才有的感情。在理想主义者看来，悲悯本身已具最高的道德价值。天地之大，犹有所憾，对万物的不得其所，又岂能无动于衷，不生悲悯之情呢？儒家由悲悯之情而言积极的、入世的参赞天地的化育。"致中和"就是为了使"天地位"，使"万物育"。儒家的悲悯，相当于佛教的大悲心，和耶教的爱，三者同为一种宇宙的悲情（Cosmic feeling）。然则儒家精神，又与宗教意识何异？

宗教的情绪并非源于忧患意识，而是源于恐怖意识。恐怖（Dread）或怖栗（Tremble）恒为宗教的起源。近代丹麦哲学家，存在主义的奠基者克尔凯郭尔（Kierkegaard）曾著《恐怖的概念》（*Concept of Dread*）一书，对恐怖有精详的分析，其中特别指出恐怖（Dread）之不同于惧怕（Fear）。惧怕必有所惧的对象，而恐怖则不必有一定的对象，它可以整个宇宙为对象，甚至超乎一切对象，故人面对苍茫之宇宙时，恐怖的心理油然而生。宇宙的苍茫，天灾的残酷，都可引起恐怖的意识。耶教视人皆有原罪，在上帝跟前卑不足道，更视天灾为上帝对人间罪恶的惩罚，带着原罪的人们在天灾之中，只有怖栗地哀求宽恕，故耶教的根源显为典型的怖栗意识。至于佛教，其内容真理（Intensional Truth）的路向，虽同于耶教，同由人生的负面进入，但它异于耶教的，在由苦入而不由罪入。佛教的苦业意识，远强于恐怖意识，它言人生为无常，恒在业识中动荡流转。由此产生了解脱出世的思想。

耶、佛二教从人生负面之罪与苦入，儒家则从人生正面入。它正视主体性与道德性的特色，在忧患意识之与恐怖意识和苦业意识的对照之下，显得更为明朗了。

第三讲
忧患意识中之敬、敬德、明德与天命

        在上一讲之末，我们已明忧患意识与恐怖意识及苦业意识之分别。现在继续谈的，就是这两种意识不同的引发与归趋。宗教意识中的恐怖意识无须有所恐怖的对象。当我们站在高山之巅，面对一苍茫虚渺的宇宙时，我们的心底往往涌现一个清澈的虚无感，蓦然之间觉得这个世界这个宇宙实在一无所有，甚至连自己的身躯也是一无所有，总之是感到一片虚无（Nothingness）。如果像克尔凯郭尔（Kierkegaard）所说的，能够从这虚无的深渊奋然跃出来的，就是皈依上帝了。假如不望或者无能从这深渊跃出，那就等于万劫不复的沉沦。因此，恐怖意识为宗教意识中典型的皈依意识。皈依便是解消自己的主体，换句话说，就是对自己的存在作彻底的否定，即作一自我否定（Self-negation），然后把自我否定后的自我依存附托于一个在信仰中的超越存在——上帝那里。如此，由虚无深渊的超拔，恒为宗教上的皈依。在耶教，恐怖的深渊是原罪，深渊之超拔是救赎，超拔后之皈依为进天堂，靠近上帝。天堂是耶教之罪恶意识所引发的最后归宿。在佛教，苦业意识的引发可从教义中的四谛看出。四谛是苦、集、灭、道。由无常而起的痛苦（苦）、由爱欲而生的烦恼（业），构成一个痛苦的深渊，它的超拔就是苦恼的解脱，即是苦恼灭尽无余之义的灭谛，而超拔苦恼深渊后的皈依就是达到涅槃寂静的境界。道谛所言的八正道，就是令人苦业永尽而进涅槃境界的道路。

中国人的忧患意识绝不是生于人生之苦罪，它的引发是一个正面的道德意识，是德之不修，学之不讲，是一种责任感。由之而引生的是敬、敬德、明德与天命等等的观念。孟子说："生于忧患，死于安乐。"中国人喜言："临事而惧，好谋而成。"（《论语》孔子语）。忧患的初步表现便是"临事而惧"的负责认真的态度。从负责认真引发出来的是戒慎恐惧的"敬"之观念。"敬"逐渐形成一个道德观念，故有"敬德"一词。另一方面，中国上古已有"天道""天命"的"天"之观念，此"天"虽似西方的上帝，为宇宙之最高主宰，但天的降命则由人的道德决定。此与西方宗教意识中的上帝大异。在中国思想中，天命、天道乃通过忧患意识所生的"敬"而步步下贯，贯注到人的身上，便作为人的主体。因此，在"敬"之中，我们的主体并未投注到上帝那里去，我们所做的不是自我否定，而是自我肯定（Self affirmation）。仿佛在敬的过程中，天命、天道愈往下贯，我们的主体愈得肯定，所以天命、天道愈往下贯，愈显得自我肯定之有价值。表面说来，是通过敬的作用肯定自己；本质地说，实是在天道、天命的层层下贯而为自己的真正主体中肯定自己。在孔子以前的典籍早已有"敬"和"敬德"，进而有"明德"的观念。今引《尚书》为例。《召诰》有言："惟王受命，无疆惟休，亦无疆惟恤。呜呼！曷其奈何弗敬！"可知召公在对其侄成王的告诫中，已由忧患（恤）说到敬了。召公认为无穷无尽的幸福，都是上天所降，但是，切不可只知享福而忘其忧患。永远处在忧患之中，持着戒慎虔谨的态度，天命才可得永保，否则上天撤消其命。召公在这里深深地感叹出"呜呼"一声，而且继而再叹"曷其奈何弗敬！"可知他具有很强烈的忧患意识。所以他又说："呜呼！天亦哀于四方民，其眷命用懋，王其疾敬德。"那是说："天又哀怜社会上的老百姓，天之眷顾降命是在勤勉的人身上。成王啊！你要赶快敬谨于德行。"但是这里所谓德，只是应然的合理行为，并未达到后来"内在德性"的意境。由敬德而有"明德"，《康诰》有云："惟乃丕显考文王，克明德慎罚。"这是周公告诫康叔的说话，要康叔昭著文王的美德，即要明智谨慎，特别在施刑方面，须要公明负责。至于天命，《召诰》又说："今天其命哲，命吉凶，命历年。"这三句的意思可注意的是天不但是命吉凶，命历年，且命我以明哲。天既命我以明哲，我即当好好尽我的明哲。尽我的明哲，那就是敬德，就是明德慎罚了。无常的天命，取决于人类自身的敬德与明德。如果堕落了，不能敬德、明德，天命必然亦随之撤消。所以如欲"受天永命"（《召诰》语），必须"疾敬德"。否则，"惟不敬厥德，乃早坠厥命"（亦《召诰》语）。"天命"的观念表示在超越方面，冥冥之中有一标准在，这标准万古不灭，万古不变，使我们感到在它的制裁之下，在行为方面，一点不应差忒或越轨。如果有"天命"的感觉。首先要有超越感（Sense of Transcendence），承认一超越之"存在"，然后可说。

用今天的话说，通过"敬德""明德"表示并且决定"天命""天道"的意义，那是一个道德秩序（Moral order），相当于希腊哲学中的公正（Justice）。然而后者的含义远不及前者的丰富深远。孟子的民本思想，引《尚书》"天视自我民视，天听自我民听"为论据。的确，这两句的意义非常丰富，天没有眼、耳等感官，天的视听言动是由人民体现的。换言之，统治者需要看人民，人民说你好，那么表示天亦认为你好，人民说你坏，那么自然天亦认为你坏。因此人民的革命表示统治者的腐败，在统治者的方面来说，是自革其天命。天命的层层下贯于人民，表示一个道德的秩序。人民在敬德和明德之中，得以正视和肯定天道和天命的意义。天道与天命不单在人的"敬之功能"（Function of Reverence）中肯定，更在人的"本体"（Substance）中肯定。因此，这道德的秩序亦为"宇宙的秩序"（Cosmic order）。

天命与天道既下降而为人之本体，则人的"真实的主体性"（Real Subjectivity）立即形成。当然，这主体不是生物学或心理学上所谓的主体，即是说，它不是形而下的，不是"有身之患"的身，不是苦罪根源的臭皮囊，而是形而上的、体现价值的、真实无妄的主体。孔子所说的"仁"，孟子所说的"性善"，都由此真实主体而道出。中国人性论中之主流，便是这样形成的。在宗教则无真实主体之可言，这是道德与宗教大异其趣之所在。西方人性论的主流中，人性 Human nature 直截地是人之自然，没有从超越的上天降下而成的人之主体。西方的上帝与人类的距离极远。极端地高高在上的上帝，又岂能下降于人间呢？

西方宗教中的天命观念，以中国传统的天命观看来，是很容易理解的。譬如耶教中伊甸园的神话，亦表示了人本有神性，本有神性以为真实的主体，而不只是原罪。这神话叙述的亚当与夏娃本是与神性合一的，可是他们一旦相继吃了禁吃的智慧果，表示他们的情欲，为毒蛇引诱而至堕落，结果与神分离了。从此以后，人便只注意那原罪，而不注意那神性了。神性永远属于上帝一边。人陷落下来而成为无本的了。亚当、夏娃在未堕落之前可以无忧无虑地遨游于伊甸园，堕落的结果就是在灵魂方面的永恒死亡。然而耶教又说上帝爱世人。所以耶教不能不言"救赎"。从此以后，伊甸园的神话完全向"上帝、原罪、救赎"这以神为中心的宗教型态走。救赎的观念相当于中国"唤醒、觉悟"的观念。觉悟或唤醒之后，人与天才可有"重新的和解"（Reconciliation），在和解的过程中人可重新提起已堕落的生命而与神性再度合一。由此我们可以这样想：能否使此神性作为我们自己的主体呢？看来这一步的功夫是很有意义、很有价值的。可是西方思想的传统，不容许这功夫的完成。于是西方思想中的天命，对于人类是永恒地可望而不可即。他们只讲神差遣耶稣来救赎，却并不讲"天命之谓性"而正视人自己之觉悟。西方思想中的天人关系，依然停滞于宗教的型态，没有如中国的孔孟，发展出天人合一的儒学。

最后，我们可以简洁地列出两种意识所引发的天人关系，以为这一讲的总结：

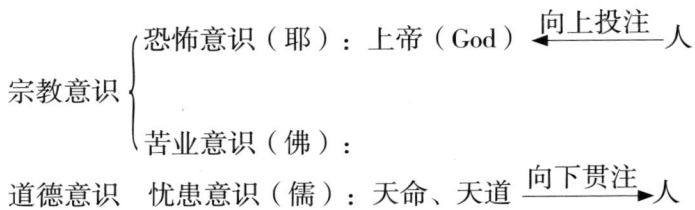

$$
\begin{array}{l}
\text{宗教意识}\left\{
\begin{array}{l}
\text{恐怖意识（耶）：上帝（God）}\xleftarrow{\text{向上投注}}\text{人}\\[2ex]
\text{苦业意识（佛）：}
\end{array}
\right.\\[3ex]
\text{道德意识}\quad\text{忧患意识（儒）：天命、天道}\xrightarrow{\text{向下贯注}}\text{人}
\end{array}
$$

第四讲
天命下贯而为"性"

上一讲的中心，就是我们不只在敬的作用中，更在我们的本体中肯定自己。这一讲是解释天命下贯而为"性"此过程的涵义。至于讲的方式，与前略异，不是在泛论中征引经典，而是通过三段最有代表性的引文，以看天命如何下贯而为"性"。这三段经文都已肯定是孔子以前的，它们都是了解中国思想的钥匙：

（一）《诗·周颂·维天之命》："维天之命，於穆不已。於乎不显，文王之德之纯。"

（二）《诗·大雅·烝民》："天生烝民，有物有则。民之秉彝，好是懿德。"

（三）《左传·成公十三年》："刘康公曰：吾闻之，民受天地之中以生，所谓命也。是以有动作礼义威仪之则，以定命也。”

《诗经》中的观念在孔子以前已形成，绝无问题；至于《春秋》所记鲁国十二公之中，成公是第八个，而孔子生于定公，即春秋鲁国第十一公，故第三段引文中的观念，当亦形成于孔子以前。现在对上列三段，作一仔细的考察。

（一）首段是《诗·周颂·维天之命》的前段。朱子《诗集传》虽值得商榷，但是其中对此诗的释义，颇为中肯。朱注如下：

> 赋也。天命，即天道也。不已，言无穷也。纯，不杂也。此亦祭文王之诗，言天道无穷，而文王之德纯一不杂，与天无间，以赞文王之德之盛也。子思子曰“维天之命，於穆不已”，盖曰天之所以为天也。“於乎不显，文王之德之纯”，盖曰文王之所以为文也，纯亦不已。程子曰：天道不已，文王纯于天道亦不已。纯则无二无杂，不已则无间断先后。

此解虽好，但在今日看来，仍不足以明天道於穆的全副意义。天道高高在上，有超越的意义。天道贯注于人身之时，又内在于人而为人的性，这时天道又是内在的（Immanent）。因此，我们可以康德喜用的字眼，说天道一方面是超越的（Transcendent），另一方面又是内在的（Immanent，与Transcendent是相反字）。天道既超越又内在，此时可谓兼具宗教与道德的意味，宗教重超越义，而道德重内在义。在中国古代，由于特殊的文化背景，天道的观念于内在意义方面有辉煌煊赫的进展，故此儒家的道德观得以确定。西方的文化背景不同，西方人性论中所谓人性 Human nature，nature 之首字母 n 字小写，其实它就是自然的意思，而且恒有超自然（Super nature）与之相对。此超自然始有超越的意味，它属于神性而不属于自然世界（natural world）。西方哲学通过"实体"（Entity）的观念来了解"人格神"（Personal God），中国则是通过"作用"（Function）的观念来了解天道，这是东西方了解超越存在的不同路径。中国古代的"天"仍有人格神的意味，例如上一讲已引用的《召诰》语："今天其命哲，命吉凶，命历年。"分明说出"天"可以降命，亦可以撤命。公道的天对人有降命，人的生命才可有光辉发出。否则，如西方之视人为首席动物，生命不得不沦为一团漆黑，毫无光辉可言。天的命"哲""历年"与"吉凶"三事，似为命之个别化、事件化；而将天命的个别化与事件化，转为光明的主体时，人不必事事想及天志，只要当下肯定天所命给自己的光明主体便可。这时，反观天道、天命本身，它的人格神意味亦已随上述的转化而转为"创生不已之真几"，这是从宇宙论而立论。此后儒家喜言天道的"生生不息"（《易·系》语），便是不取天道的人格神意义，而取了"创生不已之真几"一义。如此，天命、天道可以说是"创造性的本身"（Creativity itself）。然而，"创造性的本身"在西方只有宗教上的神或上帝才是。所谓"本身"，就是不依附于有限物的意思。譬如说手足可创造工具，诗人有创作才华便可以创造诗歌，这一类的创造显然附着于有限物如人体，所以都不是创造性的本身。

天命如何"於穆不已"的？"於穆"是一个"副词的片语"（Adverbial Phrase），是深远之貌。天命的确是深奥（Profound）而且深透（Penetrating）的。"於穆"可谓兼有深奥和深透的意义。我们试观这个宇宙，山河大地变化无穷，似乎确有一种深邃的力量，永远起着推动变化的作用，这便是《易经》所谓"生生不息"的语意。正因为"於穆不已"的天命，天道转化为本体论的实在（Ontological Reality）或者说本体论的实体（Ontological Substance）。此思想的型态一旦确定了，宗教的型态立即化掉，所以中国古代没有宗教。

为什么要大大昭彰文王的德性呢？因为文王真正能够表现自己光明的德性生命，他的生命之光永恒不灭，他的德性精纯不杂，所以他永远不会堕落。难怪《中庸》对"维天之命，於穆不已"加一精警的赞语，说："此天之所以为天也。"又对"文王之德之纯"加一类似的赞语，说："此文王之所以为文也，纯亦不已。"这两句赞语中的"所以"，都是为了表明"本质"（Essence）的意思。"天之所以为天"，就是天的本质，换句话说，便是天的德（本质义之德，非德性 Virtue 义之德）。同样，"文王之所以为文"，等于文王的德，"文"字本身便是一个美称了。由此可知《中庸》对天德与文王之德，都有很高的赞美。天之德和文王之德有什么关系呢？显然，天命、天道贯注到个体的身上时，只要这个体以敬的作用来保住天命，那么天命下贯所成的个体的性可以永远呈现光明，文王便是一个典型的例子。《诗经》这几句在赞美文王时，首先赞美天道、天命，那是很有哲学意味的。

（二）《诗·大雅·烝民》第一章开首便是："天生烝民，有物有则。民之秉彝，好是懿德。"朱子《诗集传》这样解释：

> ……烝，众。则，法。秉，执。彝，常。懿，美。……言天生众民，有是物必有是则。盖自百骸、九窍、五藏而达之君臣、父子、夫妇、长幼、朋友，无非物也，而莫不有法焉。如视之明，听之聪，貌之恭，言之顺，君臣有义，父子有亲之类是也。是乃民所执之常性，故其情无不好此美德者。……昔孔子读《诗》至此而赞之曰："为此诗者，其知道乎？故有物必有则，民之秉彝也，故好是懿德。"而孟子引之，以证性善之说。其旨深矣，读者其致思焉。

可见此诗的作者认为天生的人类（烝民可代表一切人），绝不是漆黑一团，而是"有物有则"的。"物"即"事"，不是物体。天生人类的个体，具有耳、目、口、鼻、触等感官，此等感官使人能与外界的人与物发生关系，这便是事。又如人与人的关系，便有所谓五伦，即是君臣、父子、夫妇、长幼（兄弟）、朋友五种人与人间最基本的关系，这些关系的本身亦是"事"的物。所谓"则"就是行事之一定的道理或原则，如父子之间有孝与慈的原则，即朱注所说的"父子有亲"。当然，朱子说"有是物必有是则"很对，因为对应着每一件"事"物，都存在着一种行事的法则。至于"民之秉彝"，就是人民具有恒常的性之意，"好是懿德"便是好善恶恶的德性。由此，可知中国在孔子以前已有讲"好善恶恶"的道德观念，这观念由孔孟发展，一直下贯至王阳明的思想。还须一说的，是所谓"好善"的好，不是如嗜好吃烟或饮茶之类的嗜好之好，而是发于常性，有道德判断意义的好善恶恶之"好"。

（三）《左传·成公十三年》所引刘康公"民受天地之中以生，所谓命也"，是述中国思想史所必引的名句。首先要说明的是："中"即天地之道。"命"，不是命运之命，而是天命之命。天既然降命而成为人的性，形成人的光明本体，但是单有本体不足恃，仍须倚赖后天的修养功夫，否则天命不能定住，轻松一点说，天命是会溜走的。如要挽留它，那么必要敬谨地实行后天的修养，须要有"动作礼义威仪之则"。换句话说，要有"威仪"，亦等于说要有庄敬严肃的气象，如是才能贞定住自己的命。刘康公所说的"中"，后来即转而为《中庸》首句"天命之谓性"了。

总之，上引的三段都是孔子以前最富代表性的传统老观念。它们都表示天命天道在敬的作用中，步步下贯而为人的性这一趋势。这里开启了性命天道相贯通的大门。"维天之命，於穆不已"是一个重要的观念，它把人格神的天转化而为"形而上的实体"（Metaphysical Reality）。只有这一转化，才能下贯而为性，才能打通了性命与天道的隔阂。如此，才有"民受天地之中以生，所谓命也"的观念，才有"民之秉彝，好是懿德"的观念。这是中国从古以来所自然共契的一个意识趋向。这一意识趋向决定了中国思想的中点与重点不落在天道本身，而落在性命天道相贯通上。如是自不能不重视"主体性",自不能不重视如何通过自己之觉悟以体现天道——性命天道相贯通的天道。本讲是着重在这下贯的趋势。至于对于"性"的正式规定,则俟讲了孔子的仁后,再详细讲。

第五讲

孔子的仁与"性与天道"

上一讲我们讲由敬的作用，表明天命天道下贯而为性的趋势，归结到《中庸》的首句——天命之谓性。从天命天道下贯说性，是中国的老传统。《中庸》首句即代表这个传统。但是《中庸》出于孔孟以后，至少也是在孔子以后。因此要了解"天命之谓性"，必先了解孔子的仁。孔子在《论语》里，暂时撇开从天命天道说性这一老传统，而是别开生面，从主观方面开辟了仁、智、圣的生命领域。这一讲为了便利，把孔子思想分成两行：

（一）仁与智或仁与圣。

（二）性与天道。

虽然孔子一向被后人尊为圣人，但是孔子自己不敢认为自己是圣人，他说："若仁与圣，则吾岂敢？"仁与圣是人生的最高境界。在现实世界里，是不可能有圣人的，因为某人纵使在现实世界里最受尊崇，一旦他自称为圣人，自命到达最高境界，那么他的境界就不是最高的，所以已不可算是圣人了。圣人的产生，必由于后人的推崇，便是这个道理。孔子提出"仁"为道德人格发展的最高境界。至孟子，便直说："仁且智，圣也。"仁智并举，并不始自孟子。孔子即已仁智对显。如"仁者安仁，智者利仁"，"仁者乐山，智者乐水"，"智者动，仁者静"等等，便是仁智对显，而以仁为主。孔孟的智绝不是理智活动的智，而是生命的通体透明。"仁且智"即是说生命既能表现仁，又能里外明澈，毫无幽暗。仁的主要表现是爱，但当然不是所"溺爱"。我国的老生常谈"溺爱不明"表示出溺爱就是不明之爱，即是无智之爱。无智的爱当然不够理想，因此道德生命的发展，一方面需要仁，另一方面需要智来辅助与支持。仁且智的生命，好比一个莹明清澈的水晶体，从任何一个角度看去都可以窥其全豹，绝无隐曲于其中，绝无半点瑕疵。这样没有隐曲之私，通体光明莹澈的生命，可以经得起任何的引诱与试探，能够抵得住一切的磨折与风浪，永远不会见利忘义，或者沦落到"利令智昏"的境地。见利忘义或者利令智昏，便是生命藏有隐曲，使本有的仁心、仁性亦无从透显。孔子以仁为主，以"仁者"为最高境界。此时仁的意义最广大，智当然亦藏于仁之中，一切德亦藏于其中。孟子仁、义、礼、智并举，这是说我们的心性。说"仁且智，圣也"，实亦赅括义于礼。这是自表现我们的心性说。并举仁与智，就是为了特注重智对仁的扶持作用。这样说时，仁的含义不得不收窄一点。仁与智并讲，显出仁智的双成。

　　至于孔子思想中第二行的"性与天道"，那不是孔子最先讲的，而是孔子以前的古老传统。《论语》载有这问题的最佳参考，就是子贡所说的："夫子之文章，可得而闻也；夫子之言性与天道，不可得而闻也。"所谓"文章"，当然不是文学作品，而是成文而昭彰的东西，其中最典型的应是实际的工作或事业。其次，"不可得而闻"向来有相异的两种解说，第一种是说孔子认为性与天道过分玄妙深奥，索性根本不谈它们。另一种说法认为孔子不是不讲性与天道，只因性与天道不易为青年学生所领悟，所以很少提及。我们可以推想，子贡说"不可得而闻"那话时，年龄一定不小了，最低限度他可略懂性与天道的道理。如此，他所说的"不可得而闻"其实是对孔子的赞叹，这赞叹又表示子贡对性与天道有若干程度的解悟。也许，孔子的确很少谈论性与天道，从《论语》看来是如此；然而，孔子五十而读《易》，至"韦编三绝"，而且又曾赞《易》，显然他对《易经》下了一番功夫。《易经》的中心就是性与天道，因此孔子对性与天道，确曾下了一番研究的心血。说孔子对于性与天道根本不谈，或根本无领悟，那是不对的。不过他不愿客观地空谈，而却开辟了仁、智、圣的领域。只要践仁成圣，即可契悟天道。

如要明白孔子对天道、天命的看法，必先参考所谓"三畏"之说。孔子说："君子有三畏：畏天命，畏大人，畏圣人之言。""畏"是敬畏之畏，非畏惧之畏，敬畏与虔敬或虔诚，都是宗教意识，表示对超越者的皈依。所谓超越者，在西方是 God，在中国儒家则规定是天命与天道。孔子的"三畏"思想，便是认为一个健康的人格，首先必要敬畏天命。换句话说，如果缺乏超越感，对超越者没有忠诚的虔敬与信念，那么一个人不可能成就伟大的人格。

然而，性与天道并非孔子开辟的思路，他所开辟的思路就是仁与圣的一路。显然，孔子对性与天道这一传统思路是念念不忘的。如此我们可以推想，孔子谈论仁、智、圣的时候，必已具有一种内心的超越企向，或者说具有一种内在的超越鼓舞，这企向或鼓舞，就是他的对于天命天道的契悟与虔敬。实在说来，孔子是以仁智与圣来遥契性与天道。至此，我们自然会发生下列两个重要问题：

（一）仁、智、圣有何作用？

（二）仁、智、圣如何遥契性与天道？

由于时间所限，这一讲首先解决第一个问题。

仁、智、圣的作用，可从两面说明。首先，仁、智、圣是以成圣为目标，指出道德人格向上发展的最高境界，换句话说，便是指出人生修养的轨道或途径，同时指出了人生最高的理想价值。在西方，耶教不教人成就一个基督，而是教人成就一个基督徒（Follower of Christ）。耶稣叫人跟他走以获得真正的生命，然而跟他走最高限度只是一个忠实的跟从者，到底不能成为基督，因为基督根本不是人，而是神或神而人（God-man），即以人的型态出现的神，在此人可希望做他的随从，而永不可"希神"的。中国的儒家圣人教人希圣希贤，而圣人也是人，因此希圣是的确可以的，不需要说只可希望做圣人的随从。东方的另一大思想——佛教，教人成佛，而人亦的确可成佛，不只成为佛的随从。这是儒、佛二教异于耶教的一重大之点。因此，亦可看出，孔子始创的仁与圣一路，确是中国思想史上的一个大跃进。

　　上面是内在地说明仁的作用。如要外在地说明，仁的作用便是遥契性与天道。成圣并非以工作才能为标准，现实社会上所表现的才干与一切聪明才智，都不足以成就圣人，充其量只能成就专家或者英雄。因此，仁的作用内在地讲是成圣，外在地讲的时候，必定要遥契超越方面的性与天道。仁和智的本体不是限制于个人，而是同时上通天命和天道的。《易·乾·文言》说："大人者与天地合其德，与日月合其明，与四时合其序，与鬼神合其吉凶。"可知要成为"大人"，必要与天地合德，那就是说，个人生命应与宇宙生命取得本质上的融和无间（或说和合 Conciliation）。天地之德当然是上一讲所引证的"维天之命，於穆不已"所表示的创生不息的本质。大人与天地合德，就是说要与天地同有创生不已的本质。用今日的语言解释，就是要正视自己的生命，经常保持生命不"物化"（Materialization），不物化的生命才是真实的生命，因为他表示了"生"的特质。此生命当然是精神生命，不是自然生命，而是好比耶稣所说"我就是道路、真理、生命"中的生命。"大人"又要"与鬼神合其吉凶"，说明了大人的生命，应与宇宙的幽明两面都能做到息息相通的境界。换句话说：便是人生的幽明两面应与宇宙的幽明两面互相感通而配合。宇宙的幽明两面是人所共知的，例如神、白昼、春夏都可认为是宇宙的光明面，而鬼、黑夜、秋冬都可认为是宇宙的幽暗面。人生亦如宇宙，有着明暗的两面，譬如说生是明，死是幽。要了解宇宙的全副意义，必要并看宇宙的幽明两面；同理，要了解人生的全副意义，必要并观人的生死。所谓"大人"，须以全副生命与宇宙打成一片。如此，仁、智、圣的本体不是封闭的，而是直往上通，与天命天道遥遥地互相契接。

解决了仁、智、圣的作用问题之后，我们很自然地引发另一问题——怎么使仁、智、圣能和性与天道相契接？即是：怎么才可与宇宙打成一片？关此，首先须要说明"仁"一概念的全副意义。根据《论语》总观"仁"的意义，可知一个人如何可成仁者或圣人，亦可知仁者与圣人如何又能与宇宙打成一片。照讲者个人的了解，孔子的"仁"具有下列两大特质：

（一）觉——不是感官知觉或感觉（Perception or Sensation），而是恻隐之感，即《论语》所言的"不安"之感，亦即孟子所谓恻隐之心或不忍人之心。有觉，才可有四端之心，否则便可说是麻木。中国成语"麻木不仁"便指出了仁的特性是有觉而不是麻木。一个人可能在钱财货利方面有很强烈的知觉或感觉，但他仍可能是麻木不仁的，尽管他有多么厉害的聪明才智。那是因为"觉"是指点道德心灵（Moral mind）的，有此觉才可感到四端之心。

（二）健——是《易经》"健行不息"之健。《易经》言"天行健，君子以自强不息"。所谓"天行健"可说是"维天之命，於穆不已"的另一种表示方式。君子看到天地的健行不息，觉悟到自己亦要效法天道的健行不息。这表示我们的生命，应通过觉以表现健，或者说，要像天一样，表现创造性，因为天的德（本质）就是创造性的本身。至于"健"字的含义，当然不是体育方面健美之健，而是纯粹精神上的创生不已。

从上述的两种特性作进一步的了解，我们可以这样正面地描述"仁"，说"仁以感通为性，以润物为用"。感通是生命（精神方面的）的层层扩大，而且扩大的过程没有止境，所以感通必以与宇宙万物为一体为终极，也就是说，以"与天地合德，与日月合明，与四时合序，与鬼神合吉凶"为极点。润物是在感通的过程中予人以温暖，并且甚至能够引发他人的生命。这样的润泽作用，正好比甘霖对于草木的润泽。仁的作用既然如此深远广大，我们不妨说仁代表真实的生命（Real Life）；既是真实的生命，必是我们真实的本体（Real Substance）；真实的本体当然又是真正的主体（Real Subject），而真正的主体就是真我（Real Self）。至此，仁的意义与价值已是昭然若揭。孔子建立"仁"这个内在的根以遥契天道，从此性与天道不致挂空或悬空地讲论了。如果挂空地讲，没有内在的根，天道只有高高在上，永远不可亲切近人。因此，孔子的"仁"，实为天命、天道的一个"印证"（Verification）。

第六讲
由仁、智、圣遥契性、天之双重意义

由仁、智、圣遥遥地与"性与天道"相契合，含有两种的意义：

（一）超越的遥契。这方面的含义可从《论语》中孔子的几句话看出：

    Ａ．子曰：莫我知也夫！子贡曰：何为其莫知子也？子
曰：不怨天，不尤人，下学而上达，知我者其天乎？

    Ｂ．五十而知天命。

    Ｃ．畏天命。

孔子所说的"莫我知也夫"是意味深长的慨叹，所以它引起子贡的发问。然而，孔子并不作正面的直接答复，而把子贡的问题撇开，从另一方面间接地答复。孔子认为不应怨天尤人，即是不应把

痛苦与罪过的责任推卸到自身以外，而应努力不懈地做自身的"下学"的践仁功夫，以期"上达"的效果。"上达"什么呢？显然是天命、天道。"上达"就是古语"上达天德"的意思。天德、天命、天道其实没有很大的差别。所谓"下学"的学，即是孔子所说的"学而时习之"的学。虽然这种"学"与追求专门知识的"学"，都是从累积经验开始做起，但是它们有本质上的差别：追求专门知识的"学"，是以成专家为目的，并无德性修养的意味，"下学而上达"的"学"，当然亦须从日常生活的实际经验着手，可是它以上达天德为最终目标。用现代化的语言来解释，它的作用是把知识消化于生命，转化为生命所具有的德性。因此，"下学"的材料极为广泛，礼、乐、射、御、书、数之类通通要学，只是在学习期间，没有成为某方面专家的企图，心中念念不忘便是怎么转化经验知识为内在的德性，简单地说，就是怎样转智为德。然而，这转化不是容易得来的，它必须通过内心的觉悟，因此古人之训释"学"为"觉"极有意义。"觉"等于德性之开启或悟发，当然不是凭空地开启，而是从经验知识的获得开始。

孔子认为从下学可以上达，那就是说：只需努力践仁，人便可遥契天道，即是使自己的生命与天的生命相契接，所以孔子作出"知我者其天乎"的感叹。"知我其天"表示如果人能由践仁而喻解天道的时候，天反过来亦喻解人，此时天人的生命互相感通，而致产生相当程度的互相了解。这样的契接方式，我们可以名之为"默契"。正如宗教上的"灵修"或者"培灵"的功夫，也是冀求天人的感通应接，例如耶教亦有这样的义理：如你能与上帝感通，那么上帝的灵，自然降临到你的身上。而在感通的过程中，你与上帝就可以互相喻解了。儒教中的天人感通，也只是一个精神生活上的境界。这境界的获得，当然是谈何容易。世人皆知人与人之间的真正感通已甚难能可贵。古语有云："人生得一知己，可以无憾。"可见人间的互相感通已极可珍视。人生数十年，常苦未得一知己。人与人都如此，人与天的感通更难。孔子的下学上达，便是希冀与天成为知己。

知天当然不易，所以孔子的生命，经过一番践仁的功夫，直到五十岁才敢说"知天命"。人当盛年，往往由于生命力发展已趋高峰，而表露出惊人的英雄气概，壮志豪情。然而到行年五十之时，原始生命的高潮已过，英雄气概与壮志豪情便一一收敛而趋向恬淡的思维。孔子行年五十，由于不断地践仁，生命更精纯了，思想更精微了，德性人格向上发展了，人生境界亦向上提高了，因他敢说"五十而知天命"。在孔子，五十是德性人格一大转进的年龄，是与天相知的年龄。

然而，这种与超越者的相知，绝不是经验知识（Empirical Knowledge）或者科学知识（Scientific Knowledge）的知，这样的知愈丰富，人便愈自豪，愈缺乏对超越者的敬畏。但是知天的知，必然引生敬畏的意识，敬畏是宗教意识。天道高高在上，人只能遥遥地与它相契接，又怎能没有敬畏呢？故此敬畏的意识是从遥契而来的。从知天而至畏天命，表示仁者的生命与超越者的关系。但是在此我们先要了解的，就是暂时不要把天命、天道了解为"形而上的实体"（Metaphysical Reality），尽管在儒家思想中天命、天道确有"形上实体"的含义。在前第四讲里，我们知此含义从古就有。我们可从《诗》"维天之命，於穆不已"、《易》"天行健，君子以自强不息"，以及刘康公所谓"民受天地之中以生"，就可看出。后来宋儒则把此意概括为"天命流行"。把天命、天道说成形而上的实体，或"天命流行之体"，这是了解儒家的"天"的一个方式。但是孔子所说的"知我其天""知天命"与"畏天命"的天，都不必只是形上实体的意义。因为孔子的生命与超越者的遥契关系实比较近乎宗教意识。孔子在他与天遥契的精神境界中，不但没有把天拉下来，而且把天推远一点。在其自己生命中可与天遥契，但是天仍然保持它的超越性，高高在上而为人所敬畏。因此，孔子所说的天比较含有宗教上"人格神"（Personal God）的意味。而因宗教意识属于超越意识，我们可以称这种遥契为"超越的"（Transcendent）遥契。否则，"知我其天"等话是无法解释的。我们可以说，在孔子的践仁过程中，其所遥契的天实可有两种意义。从理上说，它是形上的实体。从情上说，它是人格神。而孔子的超越遥契，则似乎偏重后者。这是圣者所必然有的情绪。与这种遥契相对照的，是：

（二）"内在的"（Immanent）遥契。"超越的"与"内在的"是相反字，顾名思义，可知内在的遥契，不是把天命、天道推远，而是一方把它收进来作为自己的性，一方又把它转化而为形上的实体。这种思想，是自然地发展而来的，主要表现于《中庸》的几段：

A. 唯天下之至诚，为能经纶天下之大经，立天下之大本，知天地之化育。夫焉有所倚？肫肫其仁，渊渊其渊，浩浩其天。苟不固聪明圣智达天德者，其孰能知之？

可见《中庸》把天命、天道，转从其化育的作用处了解。首先，《中庸》对于"至诚"之人作了一个生动美妙的描绘。"肫肫"是诚恳笃实之貌。至诚的人有诚意（Sincerity），有"肫肫"的样子，便可有如渊的深度。而且有深度才可有广度。如此，天下至诚者的生命，外表看来既是诚笃，而且有如渊之深的深度，有如天浩大的广度。生命如此诚笃深广，自可与天打成一片，洋然无间了。如果生命不能保持聪明圣智，而上达天德的境界，又岂能与天打成一片，从而了解天道化育的道理呢？当然，能够至诚以上达天德，便是圣人了。由此可明：孔子对天的超越遥契，是比较富有宗教意味的；而发展至《中庸》，讲内在的遥契，消除了宗教意味，而透显了浓烈的哲学意味。超越的遥契是严肃的、混沌的、神圣的宗教意味，而内在的遥契则是亲切的、明朗的哲学意味。让我再看另一段：

B．天地之道，可一言而尽也。其为物不贰，则其生物不测。

可以尽天道的一言便是"其为物不贰，则其生物不测"。"为物不贰"指出天道精纯不杂的本质，正因为精纯，故又是精诚。正因为精诚深奥，所以它"生物不测"。可见《中庸》从"生物不测"的生化原则来了解天道。《中庸》又云：

　　C. 唯天下至诚，为能尽其性；能尽其性，则能尽人之性；能尽人之性，则能尽物之性；能尽物之性，则可以赞天地之化育；可以赞天地之化育，则可以与天地参矣。

　　"天下至诚"的人可尽己、尽人、尽物的性，因而可以参赞天地的化育。由于天地的本质就是生长化育，当人参天地而为三的时候，便已等于参与（Participate）并且赞助（Patronize）天地的化育了。人生于地之上、天之下，参入天地之间，形成一个"三极"的结构。三者同以化育为作用，所以天、地、人可谓"三位一体"（Trinity）。三位之中，本来只有天地二极以生化为本质，可是人的"精诚"所至，可以不断地向外感通，造成一条连绵不断的感通流，流到什么就可尽什么的性，感通的最后就是与天地相契接，与天地打成一片。这种契接的方式显然不是超越的，而是内在的。然而，天下的至诚只是绝无仅有的圣人，次于圣人的贤人唯有"致曲"。《中庸》接着上引一段而说：

　　D. 其次致曲。曲能有诚。诚则形，形则著，著则明，明则动，动则变，变则化；唯天下至诚为能化。

　　圣人之下的贤人，生命未臻精纯，因此须要自其一偏（曲）而推极（致），以至于"诚"的境界。由诚而有明、著、形、动、变、化的六个步骤。这全部过程以"化"为终极。诚者的生命健行不息，能够如天地一样起着化育的作用。由此段话，亦可见天命流行是何等的"於穆不已"。但是人虽能致曲有诚，人究竟不如天，所以《中庸》又说：

E. 诚者，天之道也；诚之者，人之道也。

《中庸》视"诚"为天之道，即自然而然之道，自然是诚体流行。而"诚之"的修养功夫，则是"人之道"，即由"诚之"之工夫以求恢复天所赋予自己的"诚"的本体或本性。由此可见：《中庸》的"诚"实与孔子的"仁"相合（Identical）。"诚"可被视为天道。"仁"有"肫肫""渊渊""浩浩"的特性，它的感通与扩充当然无穷无尽，它的参赞化育的作用亦无穷无尽，故此孔子的"仁"亦可被视为天道。人可从诚或仁去了解天道。至此，传统思想中高高在上的天道，经过《中庸》的发展，而致完全可被人通过仁与诚去体会，去领悟。如是，天、天道、天命的"内容的意义"可以完全由仁与诚的意义去证实它为一"生化原则"，因此可以说为"天命流行之体"。这种印证的了解，我们叫它是"内容的了解"（Intensional understanding）。不作内容的了解，天命、天道对人只有如雾里的香花，人只知其为香，而永远看它不清楚。这里，我们可以把《中庸》以前儒家思想中一系列的重要概念，加以最具概括性的总结。我们不妨把它们写成一串恒等式：

天命、天道（《诗》《书》等古籍）＝仁（《论语》）＝诚（《中庸》）＝创造性自己（Creativity itself）＝一个创造原理

（Principle of Creativity）＝一个生化原理（创造原理的旧名词，就是生化原理）。

对这恒等式最重要的说明，就是：天命、天道的传统观念，发展至《中庸》，已转为"形而上的实体"一义。

以上说明了两种似乎相反的遥契方式。我自然要问：究竟这两种方式，是否含有不可统一的矛盾冲突？很容易看出，它们并无冲突。由超越的遥契发展为内在的遥契，是一个极其自然的进程。前者把天道推远一点，以保存天道的超越性；后者把天道拉进人心，使之"内在化"（Innerize），不再为敬畏的对象，而转化为一形而上的实体。这两种遥契的产生先后次序与其过渡，都十分容易了解。因为人类最先对于高高在上，深奥不测的天必然引发人类对它的敬畏；然而日子久了，人类对天的了解渐深：假如在天灾深重的地区（犹太是典型），人不得不深化（Deepen）了对天的敬畏，特别是"畏"惧，而致产生恐怖意识，结果凝铸出一个至高无上的天帝 God，宗教由此而出。假如在天灾不至过分深重，农作足以养生的地区（中国是典型），人类往往能够以农作的四时循环，以及植物的生生不息体悟出天地创生化育的妙理。首先对这妙理欣赏和感恩，冲淡了对天的敬畏观念，然后，主体方面的欣赏和感恩，经年累月地在世世代代的人心中不断向上跃动，不断勇敢化，而致肯定主体性，产生与天和好（Conciliate）与互解（Mutually Understand）的要求；而且，不以相好相知为满足，更进一步，不再要求向上攀援天道，反而要求把天道拉下来，收进自己的内心，使天道内在化为自己的德性，把人的地位，通过参天地而为三的过程，而与天地并列而为三位一体，换句话说：把天地的地位由上司、君王拉落而为同工、僚属。至此，天道的严肃庄重的宗教意味转为亲切明白的哲学意味。所以，天命、天道观念发展的归宿，必为与主体意义的"诚""仁"两个观念同一化（Identification）。

超越的遥契着重客体性（Objectivity），内在的遥契则重主体性（Subjectivity）。由客观性的着重过渡到主体性的着重，是人对天和合了解的一个大转进。而且，经此一转进，主体性与客观性取得一个"真实的统一"（Real Unification），成为一个"真实的统一体"（Real Unity）。此种统一，不是儒教所独有，耶教亦有相似的发展过程。上帝，至耶教之时，便通过其独生子——耶稣的生命，来彻尽上帝的全副意义。人通过耶稣的生命得与上帝感通，就是一种超越的遥契。宗教着重超越的遥契，但是如了解超越者，人又不得不重视主体性。站在"人"的立场看来，仁者的生命便是主体性，如孔子，如耶稣；天命、天道或上帝便代表客观性。如从"理"的方面了解，不从"人"的方面了解，那么诚与仁都是主体性。在西方，亚里士多德的心灵所酝酿出来的"上帝"，只是纯理性（Pure reason）方面的"纯思"（Pure thought）或者"纯型"（Pure Form），丝毫没有感情的贯注，因而只是无情的哲思而非能安顿人心的宗教。直至耶教产生，倚靠耶稣的代表主体性，而显得亲切近人，上十字架洒宝血更能透射出震撼人心的如火亲情。然而，耶教始终为重客体性的宗教。孔子未使他的思想成为耶教式的宗教，完全由于他对主体性仁、智、圣的重视。这是了解中国思想特质的最大窍门。

第七讲
主观性原则与客观性原则
（Principle of Subjectivity and Principle of Objectivity）

这一讲的目的，是对上一讲作一个原则性的解释。上一讲我们说明了两种遥契"性与天道"的方式，都以仁、智、圣为根据，而且，至《中庸》提出"诚"字，不外是仁的转换表示。"唯天下至诚为能化"一类的话把天命、天道的意义转化为形上的实体，把天命、天道原有的人格神的宗教意味化掉，同时又将仁、智、圣、诚等一系列的观念统一化。这一讲主要是从与宗教的比较中，彻解儒家思想中两种遥契"性与天道"的方式所代表的两种原则。

以仁、智、圣开始而向外通的，属主观性原则，或主体性原则（Subjectivity 可译为主观性或主体性）。所谓"主观"的意思，和"主体"的意思相通，绝无不良的含义。科学研究不应主观，而需要客观，在此"主观"便有坏的含义，即世人骂人"主观"所取的意义。主观性原则的"主观"，并非别的，只是从主体来观，详细一点，即是从自己生命的主体来立言，仁、智、诚都是从自己的主体表现出来的，显然是属于主观性原则。例如仁的表示，端赖生命的不麻木，而能不断地向外感通。从感通来说，仁是恻隐之感，此全副是恻隐的"道德感"（Moral sense），是从内心发出的。又如诚，尽管《论语》所载孔子的说话中未有提及，尽管诚的字眼孔子并未用到，然而很明白地，诚是从内心外发的，是内心的真实无妄，亦属主观性原则。孔子所谓"践仁"的工夫，便是倚赖内心道德感的层层向外感通。在层层感通之中"理"亦包藏于其内，故此仁不单包含内心道德的活动，亦包含"理"的观念。通过践仁的过程，可以"上达天德"，是以主体的践仁为出发点。《论语》记载孔子说："人能弘道，非道弘人。"这话同时表现了道的主观性与客观性：首先，它指出道是"客观的"（Objective），现成地摆于天壤间，即道是处于"自存状态"（State of Self-existence）的。道只自存，故不能弘人。然而它好像一件物事，客观地存在于天地之间。这就是道的客观性。正因道只自存，所以它倚待人的充弘，即是说：道需要人的践仁工夫去充显与恢弘。否则它只停滞于"潜存"（Potential or Latent）的状态。依赖人的弘，这就是道的主观性。在儒家的道德观，"人能弘道"不但可说，而且具有很深长很丰富的意义。但是在宗教上则不然。如在耶教，只可说"道可弘人"。如果说"人能弘道"，那么在教徒听来，当然是极不悦耳的。这原因的详细解释，留待后头，现在我们只作表面的解说：耶教以上帝（神）为中心，教义已经规定好，问题只在人能否虔诚祈祷。人是很难"弘道"的。中国有一句老话，即是《荀子·天论》篇开首很著名的三句："天行有常，不为尧存，不为桀亡。"这表达了"道之客观性"（Objectivity of T'ao），不管圣王或者昏君，天道没有因之而存或亡。换句话说：不管人能否表现道，反正道永恒地不变地存在。

以上我们从道的主观性说到道的客观性。现在我们不得不继而指出：道的客观性固然重要，而道的主观性亦不应被忽视。虽说天不管人间的君王为尧为桀，但是如果完全忽略了尧、桀对道的影响，那就是大错特错。因为有尧出来，他可以率天下人去"弘道"，道不表现于人间，而且其本身的具体内容亦得彰显而明朗。有桀出来，他可以领天下人去背道，不但不弘道，甚至把人间完全弄成无道，坏得不可收拾，而道亦大隐晦。可知，道的确需要圣贤去充弘彰显，以求彻尽道的内容意义（Intensional meaning）。尧所表示的，是弘道方面的主观性；桀所表示的，刚刚相反，是灭道的主观性，是"物化"（Materialization）方面的主观性，可谓漆黑一团、毫无生命光辉可言的。在耶教，虽以上帝为中心，上帝相当于儒家思想中之天道，代表道的客观性。"上帝"在《圣经》（Holy Bible）之中亦可称为 Word（W 作大写），如说"太初有道，道与上帝同在"。这"道"或上帝是客观地自存的。但它的内容意义却须一个大生命来彰显。也就是说：上帝的"道"，依赖一个伟大的人格超凡的生命去表现昭著。耶稣就是担负这任务的大人格、大生命。假如不通过此大人格、大生命去彰显上帝，则上帝也许只是一个抽象的概念，或许甚至只是一个混沌。其具体而真实的内容是无法契接于人心的。譬如通过哲学的思考，就无法彻解上帝。亚里士多德的哲学，把上帝（God）理解为"纯思"（Pure thought）或"纯型"（Pure Form）。此二名词在此不能详讲，但最少可说它们绝不同于耶教之上帝。上帝之内容的意义，只好待宗教人格之出现才可全尽。希腊之哲人，不管是苏格拉底、柏拉图，还是亚里士多德，都未能说出一个宗教上的上帝，故希腊根本缺乏正式的宗教。至基督教出现，经耶稣表现之上帝，其内容始成为"纯灵"（Pure Spirit）。而且上帝亦成为一个被人崇拜与祈祷的对象。亚里士多德思想中之纯思与纯型，当然不是宗教的纯灵。事实上，哲学家的任何思考（Speculation），都不可能透尽宗教上神或上帝的全部内容。在耶教，上帝的全副意义由耶稣去彰显，因此耶稣的生命便代表了道的主观性原则。

耶教虽同儒教，其中的道均有客观性与主观性两面，可是二者的重点不同，而致大异其趣。儒家思想的主观性原则，是从仁、智、诚立论的；基督教的主观性原则，是从 Universal Love 立论的（Universal Love 一般译为"博爱"，未必最好，如译为普遍的爱或者宇宙的爱，似乎更为恰当。今为方便起见，仍说"博爱"）。博爱的表现与孔子的仁的表现，当然大不相同。博爱是从上帝而来，孔子的仁，则从自己的生命而来。因此，孔子的仁不能单说包含了普博（Universal）的意义。虽然在仁的步步向外感通的过程中，当然具有普遍的、宇宙的、泛博的涵义，然而它不单具普遍性（Universality），而且由于感通有远近亲疏之别，所以具有不容忽视的"差别性"（Differentiality）、"特殊性"（Particularity）或者

"个别性"（Individuality）。孟子说"亲亲而仁民，仁民而爱物"，即是说仁的差别性。孟子费如许唇舌，反对墨子的兼爱，骂兼爱为不合人情，必然导致"无君""无父"的大混乱，也是为了顺人情之常，而保存爱的差别性。至于基督教方面，耶稣表现的博爱，完全不从自己的生命处立根，完全不管人类实际生活中不可避免的差别分际。因此耶稣表现博爱的过程，可以说是一个向后返的过程。儒家思想中对仁、智、诚的表现，则是一个向外推扩的过程。正因为向外推扩，才出现远近亲疏的层次观，由家庭内的父母兄弟，推至家庭外的亲戚朋友，以至无生命的一瓦一石，由亲及疏的层次井然不乱，依顺人情而不需矫饰。譬如说在大饥荒时，你只有一块面包，而同时有自己的父母与邻人的父母急待救济，当然你自自然然地把那块面包给自己的父母。不给他人的父母是不得已，并不能说是自私自利。因为爱有差别性。假如你偏偏把那块面包给他人的父母，反而不顾自己的父母，那么依儒家思想，这不但不必，而且是不道德的矫饰，是违反天理的。总之，儒家的仁爱思想通过一个向外推扩的过程表现，既是向外推，便不能如耶教的只讲普遍的、宇宙的爱。

　　然则在基督教所主张的向后返的过程中，以什么姿态来表现博爱呢？答案就是牺牲（Sacrifice）。因为耶教不管实际生活中人事的具体分际，所以耶教的博爱思想主张爱仇敌，左脸被打之后可能给上右脸。你要里衣，连外衣一起给。放弃报复仅为低级的、简单的小牺牲而已。较大的牺牲是放弃人间一切具体生活，如家庭、社会、国家一切具有具体分际的具体生活，而只追求天国的灵性生活。至于最高级、最伟大、最感人的牺牲，就是生命的放弃，最典型的例子当然是耶稣的钉十字架。儒家思想中亦有放弃生命的教训，最著名的莫如孔子所说的"有杀身以成仁，无求生以害仁"，教人杀身成仁、舍生取义，其中伟大的牺牲精神，与耶教有很类似之处。然而耶稣的上十字架，并不同中国历史上所谓"殉道"，中国古代殉道的烈士并不少。他们殉道的目的是成仁取义，耶稣上十字架的意义，则在以牺牲的姿态表现普遍的爱，从而彻尽上帝的内容意义，而且能负起如此重责的，只有他一个。耶稣自己不但作出最伟大的牺牲，而且教训世人亦当主动地作出牺牲。他说："我给世间带来的，不是和平，而是斗争。"这话似乎骇人听闻，但是它有很深的含义，即是教人战胜一切拖带，不要顾虑自己的家属和亲友，而要洁净纯粹，让自己的心灵单和上帝交往。因此耶稣说有钱的人，手扶着犁回头向后看的人，不能进天国。"不背起你的十字架，不配做我的门徒。"当然亦很难进天国。其故便是由于他们很难放弃尘世间的种种拖带与顾虑。耶教教人放弃一切具体生活中具体分际，父母兄弟国家都不在眼下，教人全心皈依到上帝处，所以不可能保持"分际"的道德观念，不能表示伦理的道德性（Ethical morality），只能表示纯粹宗教上的道德观念。虽然摩西接受的十诫（The Ten Commandments）中有一诫说当孝敬父母，但是这种孝敬在人心并无内在的根据，而且《圣经》没有说对自己的父母与对他人的父母应有什么差别。耶教不能表示伦理的道德性，而单表现宗教的道德性（Religious morality），这亦是一个姿态。故知耶教向后返的过程之中，表现博爱的姿态实有两面：（一）放弃不必要的物质拖累，甚至放弃生命。（二）取消具体生活中的道德分际。

可是道德分际一旦取消了，自然会引发了一些难题。例如有道德分际才可有国家观念。站在现实人生的立场来看，耶稣的国家观念当然是很差的。这不是他的缺憾。因为他的国在天上，不在地下。他全副精神集中在他天上的父。然而，当日的犹太为强盛的罗马帝国统治，犹太民族正处于恺撒（Julius Caesar）的铁蹄之下，可谓水深火热的亡国状态。此时耶稣如果完全不表示一点爱国观念，那么他的教训是很难得到人的同情的。有人问耶稣，应否纳税给罗马帝国，这虽是一个大难题，耶稣智慧当然可以应付裕如，他看看那个铸有恺撒像的银币，立即答道："让恺撒的归恺撒，上帝的归上帝。"可见耶稣以一刀两断的手法，诙谐一点说，应用一个简单的"恺撒、上帝二元论"，一刀截断了恺撒和上帝的关系，避免了正面答复那问题的困难。

耶稣通过最高的放弃——放弃生命，为了传播上帝的普遍的爱（Universal love），燃起普遍的爱之心，把人心对物质、亲友之类的拖带顾虑——烧毁。因此耶稣上十字架，对人心有着很大的净化（Purification）作用。而且，在将上十字架的一段时期，耶稣心中博爱之火已经燃烧到熊熊烈烈，他的生命已达到一个狂烈的、不得不上十字架的状态。这时他的心中只有上帝，别无其他。换句话说，此时他的生命已经锤炼得精纯到无以复加的地步。精纯的爱之火，烧掉人心的拖累，如此才可彰显无分际的博爱。耶稣上十字架后三天复活，于是完成了牺牲生命的过程，这过程证实了上帝是一个"纯灵"（Pure Spirit），而纯灵之所以为纯灵，正在于普遍的、宇宙的爱。因此，我们说这是一个向后返的过程，是不从差别性去表现的。我们在道理上可以说：耶教亦可在向后返的过程之后，再回来作差别分际的表现。但是宗教精神绝不容许这一步。

在道理上说，耶教只有向上逆反，而无向下顺成，故为不圆之教。而天命、天道下贯于人心而再于具体生活中作顺成的表现，这一回环正由中国的大圣人孔子所完成。由此可言：儒耶合作，可使天人关系的道理圆融通透。然而，自古宗教信仰都有极强烈的排他性，圣人教主之中无二人能够合作。从文化立场来看，这可说是圣人的悲剧，宗教信仰的悲剧。这些悲剧不可消灭，我们唯有给予无可奈何的悲悯。由于不同的宗教信仰互相排斥，永不相解相谅，所以宗教容易沦落。某些宗教工作者甚至沦落到"好话说尽，坏事做尽"的田地，的确是可哀可叹。不同宗教的互相谅解，圣人的应该合作，以求互相取长补短，这个道理，对中国人是特别容易理解的。因为中国人的传统思想，有着很高的和合力量，并有一种很高的圆融的智慧。话得转回头，耶稣不从人的生命之仁、智、诚立论，因此人的生命之真正主体不能透出。耶稣把仁、智、诚亦放在上帝之处立论。然而上帝显然不可成为人的真正主体，因此耶教无法点出人的真正主体。我们可从此而说耶教的特征，就在两句概括性的话里："证所不证能，泯能而归所。"能、所之别即是今日所谓主体（Subject）与客体（Object）之别。耶教向后返的过程之唯一目标便是"证所"。上帝以耶稣表现自己，同时耶稣也自觉自己就是上帝的化身。表现上帝，就是"证所"。所以有人要求耶稣拿出上帝给他看的时候，耶稣毫不客气地对他说：你天天与我在一起，还未看见上帝吗？这话表示耶稣自知为上帝的化身，而上帝才是真正被表现的客体。耶教以上帝为中心，故重客体性。

黑格尔的名著《宗教哲学》，对宗教的解说，有一套独特的理论，其中所应用的亦是独特的名词。今本黑氏精神哲学中的宗教理论，首先谈黑氏对耶教的"三位一体"（Trinity）的解说，然后以此理论来考察儒家的精神哲学，性命天道相贯通的哲学。依黑格尔的思想，基督教的上帝本身、耶稣，以及圣灵，代表三格，三个阶段：

（一）第一阶段称为"圣父阶段"。圣父即是上帝（神）自身，是最高级的存在，当然是"自存"Self-existent 的，用中国的老话说，是"不为尧存，不为桀亡"的"有常"的"天"。黑格尔名之为"神之在其自己"（"God in itself"——"itself"只在客观研究的哲学立场上可说，如在耶教立场用 it 当为"大不敬"，应用大写之"他自己 Himself"，下同）。"在其自己"表示客观性原则。

（二）第二阶段称为"圣子阶段"，圣子是上帝（神）的独生子耶稣，也就是上帝表现自己所必须通过的大生命。当耶稣说教的时候，上帝亦成一客观的对象，换句话说，这时上帝通过耶稣，以他自己为对象。故黑格尔称圣子耶稣为"神之对其自己"［God For itself（Himself）——虽然上帝创生耶稣是"为了"for 表现自己，for itself 译为"为其自己"亦不错。但是黑格尔的三位一体说所本的原则，是主观精神、客观精神及绝对精神，此处 for itself 的中心思想是"以自己为对象"，故此译为"对其自己"胜于"为其自己"］。在此阶段，上帝作为所对者，能对者则为上帝的化身耶稣，故耶稣代表了主观性原则。

（三）第三阶段即最后阶段，称为"圣灵阶段"。上帝"父"格，耶稣是"子"格，即上帝为父的身份，耶稣为子的身份，但是耶稣只在主观方面是子的身份，客观上他仍是上帝的化身，因此在客观方面说，上帝是兼有父子的双重身份的。为了表示上帝自己的内容意义为一"纯灵"（Pure Spirit），为普遍性的博爱（Universal love），上帝的"父""子"两格必须综合起来，构成一"绝对统一性"（Absolute-unity）的形式，即把圣父阶段与圣子阶段推到一个"真实的统一"（Real Unification），以印证（Verify）上帝自身之为纯灵博爱。因此，耶教说耶稣死后三天复活，升天而坐在上帝的旁边。这个过程，表示上帝的精神由耶稣体现的外在现象而返于其自己，超越了上帝与耶稣所构成的"对偶性"（Duality）而产生出三位一体的第三格——灵格。（圣灵之为神圣精神，完全由圣父圣子综合而出，此意本不难理解。可是有些人把圣灵视作一种人格 Personality，甚至由此而把圣灵说得光怪陆离，反而使人费解。）由于灵格是父格与子格的综合统一，因此黑格尔称圣灵为"神之在而且对其己"［God in-and-for itself（Himself）］。"在而且对其自己"，表示主观性原则与客观性原则的真实统一。

上述三位一体之说，是基督教最基本的教义，黑格尔认为三位一体的思想，表现耶教为"涵义最为完全"的宗教，故以耶教为绝对宗教的唯一代表。反观中国思想，虽无三位一体之说，但是所谓"圆教"正可与之相当。天命、天道，即相当于西方的神或上帝。借用黑格尔的名词来说，天命、天道自身就是天道之"在其自己"，代表天道的客观性；仁、智、诚，就是天道之"对其自己"，代表天道的主观性，因为仁、智、诚是表示天道通过践仁的生命主体而表现出来的。圣人如孔子在践仁之时，可以证实天道的内容意义，亦可有主体性与客体性之统一。在此统一上，我们即可说天道之"在而且对其自己"。然而这多少带点宗教意味。至《中庸》讲内在的遥契，亦可说天道之"在而且对其自己"。但此时仁、智、诚与天道已完全同一化，天道的"人格神"（Personal God）意味已取消，而成为形而上的实体，转化而为生化原理或创造原理。是以儒家思想未发展成为宗教。

　　但是在中国哲学史上，并存着重视主观性原则与重视客观性原则的两条思路。后者源于《中庸》首句"天命之谓性"与《易传》的全部思想，下至宋儒程朱一派；前者源于孟子，下至宋明儒的陆王一派。《中庸》、《易传》、程朱一路着重道的客观性，如周子讲"太极"，张子讲"太和"，程朱讲"理""气"二元，并从此而论道德，故此他们所重视的"天道之在其自己"，丝毫没有宗教意味，而为纯粹的宇宙论意味。由于过分重视道之客观性，在主观性一面体悟得不够，难怪引起陆王一派的不满，而作一重视主观性的推进。朱、陆异同的关键在此。可惜当日的理学家，在此中甚深的义理方面，不甚能自觉，理解能力不够，不但无法澄清双方的真正歧异之处，而且浪费了许多宝贵的精力，主要以书信回还的方式，互相作不着边际的责斥。例如朱子斥陆象山"空疏"，为"禅"；陆象山又骂朱子"支离"，"虚见，虚说"，其实双方的攻击，均未中要害，难怪双方都不服对方的斥责。平心而论，重视哪一方面的思想，都显出其独特的姿态。"空疏"与"支离"不过是两种不

同姿态表面上的缺憾。真正关键并不在此。我们前说《中庸》首句
"天命之谓性"是代表中国的老传统——从天命、天道下贯而为性
这一传统。北宋诸儒下届朱子实比较能契接这个传统，倒反不能契
接孔孟的精神。我们前说孔子暂时撇开那老传统，不直接地从客观
方面说那性命与天道，而却别开生面，从主体方面，讲仁、智、圣，
开启了遥契性与天道的那真生命之门。主观性原则正式自此开始。
孟子继仁智而讲道德的心性，主观性原则益见豁朗而确立。孟子论
人皆有四端之心，"万物皆备于我矣。反身而诚，乐莫大焉"。
"心"显然代表主观性原则。"心"为道德心，同时亦为宇宙心
（Cosmic mind），其精微奥妙之处，是很难为人理解的。但其实是
根据孔子的"仁"而转出的。陆王倒比较能契接这一面，故重主观
性原则。人们常是易于先领悟客观性原则。是以程朱派，虽不直承
孔孟，而在宋以下竟被认为是正统；而陆王一派，虽是直承孔孟，
而在宋以下却不被认为是正统。陆王承接孟子的心论，认为心明则
性亦明，走着"尽心，知性，则知天"的道德实践的道路，这才是
中国思想的正统。当然，朱、陆所代表的绝不是互相冲突的两个学
派，而是理学发展很自然的两个阶段。程朱阶段正好比基督教三位
一体说中的圣父阶段，陆王阶段正好比圣子阶段。由于客观方面道
德的实践必须通过主观方面的心觉，第二阶段之承接第一阶段，可
谓人类精神之必然行程。

第八讲

对于"性"之规定（一）：《易传》《中庸》一路

以前所讲的仁、智、圣，与及性与天道，都是归结于一个中国哲学的中心问题——"性"的规定问题。这问题可谓历史悠久，自孔子以前一直下贯至宋明以后。综观中国正宗儒家对于性的规定，大体可分两路：

（一）《中庸》《易传》所代表的一路，中心在"天命之谓性"一语。

（二）孟子所代表的一路，中心思想为"仁义内在"，即心说性。

孟子坚主仁义内在于人心，可谓"即心见性"，即就心来说性。心就是具有仁、义、礼、智四端的心。这一思路可称为"道德的进路"（Moral approach）。《中庸》《易传》代表的一路不从仁义内在的道德心讲，而是从天命、天道的下贯讲。这一思路的开始已与孟子的不同，但是它的终结可与孟子一路的终结相会合。它可以称为"宇宙论的进路"（Cosmological approach）。这一讲先说明这一路。

"天命"，表面上可有两种讲法。第一种讲法认为天命等于"天定如此"。这样，"天命之谓性"表示性是定然的、无条件的（Unconditional）、先天的、固有的（Intrinsic, Innate）。总之，它只直接就人说明了性的先天性，完全不管性的后面有没有来源。这种说法显然不能尽"天命之谓性"一语的全蕴，亦不合古人说此语的涵义。如要尽其全蕴，必须不只说性的定然，而要作进一步的理解，从性的来源着眼。如此，对"天命"一词当有深一层的讲法，即第二种讲法。

在这第二种讲法里，首先要问一个问题："天命"，在上的天是怎样的命法？一、是人格神意义的天，命给人以如此这般之性。这好像皇帝下一道命令给你，你就有了这命令所定的职分了。这种命是宗教式的命法。人也可以常简单地如此说。二、是"天命流行"之命，并不是天拿一个东西给你，而是"生物不测"的天以其创造之真几流到你那里便是命到你那里，命到你那里便就是你之性。此是宇宙论式的命法。在儒家这两种命法常相通，而总是归结于第二种。

以前解释《中庸》后半段的时候，已说明《中庸》如何由"诚"将天命、天道转化为形上的实体，转为创造原理或生化原理。此形上的实体怎样落于不同的个体而形成不同个体的性呢？这是一个必然产生而且必须解决的关键性的问题。从此问题的产生已可知对"天命"的第一种讲法，"天定如此"的讲法是不彻底的。彻底的讲法必须上通天的创化原理或生化原理。天命纯是一条生化之流。这由"维天之命，於穆不已"，即可看到。因此，宋儒有"天命流行"的老话。流行不息的天命流到个体 X 的时候，便形成 X 之性。流到Y 的时候，便成为 Y 之性。"於穆不已"的天命永远流行，永远在生化创造。而真实的创造之几流到我的生命，便形成我的性。从此可见"性"之宇宙论的根源。就个体说，每一个虽然不同于其他，然而，一切个体的性来自天的创造真几。这是同一的。此性不是个体所具有的个别的性，而是同源于天的创造之流之创造真几、生命真几之性。因此它是具普遍性（Universality）的。自然科学所论的性绝不是这种普遍性的，而是由生物本能、生理欲望、心理情绪诸方面所观察的脾性、个性，或者是"类（Class）不同"之性。如说人与犬马不同类，则人类的性不同于犬马类的性。总之，自然科学所谈的性，是从自然生命所表现的特征描述简括而成的。自然生命的种种特征极为多姿多彩。它包括脾气、气质、倾向、身体生理结构等，这些都是孪生子所不能尽同的，孔子与孟子之间亦不同。《中庸》"天命之谓性"全非科学知识上"类不同"之性，亦非定义之性。只是从生命看出创造的真几，从创造的真几了解人的性，了解人的真实生命。从创造真几着眼，不能说是"虚玄"。因为我们大可认为生命之具创造真几，确为一件事实。然则，应该从哪里了解生命的创造性呢？

　　首先，人的确可以掌握自己的生命，从而创造自己的命运与人格。其次，从反面说：人还可随时放弃或撤消自己的生命。人生下来，什么都不是，为圣为贤，为豪为杰，皆由自己努力做去，即是凭自己去创造。人又能放弃自己的生命。最显然的例，就是人能自杀。自杀虽不好，但确能表示人能提起来，驾临于他的自然生命以上，而由自己操纵之。他能肯定之，亦能否定之。这表示人能掌握形而下的生命，使它获得美好之进展，亦可使它毁灭。但是动物却不能够自动撤消它自己的生命，便是因为动物没有创造性。西方人所言的意志自由（Freedom of will）或者自由意志（Free will），正相当于中国人所言的创造性。不过中国人简单地只说"性"一字，字面上不能看清其涵义。其实这"性"的意义一旦落实，其特征或具体涵义首先是可由西人所言的自由意志去了解的。因此，自由意志也可说成生化的原理，或者创造的真几。人能撤消自己的生命，足以表示人确有自由意志（自由意志为一道德观念）。中国儒家从天命、天道说性，即首先看到宇宙背后是一"天命流行"之体，是一创造之大生命，故即以此创造之真几为性，而谓"天命之谓性"也。

上述对"天命之谓性"的解说，可以切合《中庸》的原意。然而万物既然均由宇宙的生化大流所创造，有生命的一草一木以至无生命的一瓦一石，可否亦如人一样，以天命为性呢？人与万物既然均由生化原理所创造，我们在此可以说人与万物是同一本体的。由此可了解"人物同体"一语。然而"同体"是一层意思，而由同体说到"性"，则又是一层意思。衡之以"天命之谓性"一语，似乎既同体，即涵着同以所同之体为性。因为天命流行，不只是流到（命到）人，亦流到物。但是从性方面讲，又有所谓"人禽之辨"一问题的出现。这辨是辨在何处呢？人可以吸收创造本体到自己的生命中作为自己的性，但是禽兽（"禽"之义可不只是禽兽，而广至一切动物）却不能摄取天地的创造本体而为其自己之性。这就是问题的关键所在。如果动物真能进展至能作这样的吸收，那么它们虽在生物科学的分类里，其形体结构虽不同于人，它们之间亦各自不同，然而它们亦可以创造之体为其自己之性。它们同样是可珍贵的，同样能创造其自己之命运。可是今日在事实上，只有人类能够作如此的吸收，那么应该怎样了解人以外的生物与无生物的"性"呢？更彻底的问题应是：人以外的万物，可否具有性呢？

我们可以这样回答：人性有双重意义（Double meaning）。上层的人性指创造之真几，下层的人性指"类不同"的性。正宗儒家如孔孟、《中庸》均不从"类不同"的性立论，只有告子、荀子、王充等所代表的另一路才可涵有此意。人以外的物体只有"类不同"的性。如从动物看，最令人注意的是本能。克就本能说，人远不如动物。然而本能并不珍贵，它是盲目的、机械的（Mechanical），不能主宰掌握其自己的生命，即无自由意志。如从无生命的物体而言，瓦石之性，在物理学上言之，仅为一惰性（Inertia），为一物理上的概念（Physical concept）。本能与惰性均代表"物质之结构"（Material Structure），可称为"结构之性"。禽兽、草木、瓦石均无创造性之性，换句话说，它们的性不如人之有双重意义，而只有下层的意义。可见"天地万物人为贵"。人如堕落而丧失创造性之性，在正宗儒家眼中，是与禽兽无异；另一方面，假如人以外的任一物突变而能吸收宇宙的创造性为性，那么它亦甚可贵。

"与禽兽无异"是一个价值判断。只是说他丧失了他的创造真几之性，他的道德意义价值之性。此时他只有结构之性。而结构之性亦即是"类不同"之性，他仍然与草木瓦石各为不同类。故"与禽兽无异"是一价值判断，这表示说，与禽兽、瓦石同为物质结构之惰性。而仍各有"类不同"之性，则只表示其物质结构以及随此结构而来之事实特征有不同而已。故"类不同"之性，是事实命题，而创造真几之性则是价值意义之性。人有此双重意义之性，而动物及其他则只有一层意义之性。试看下图：

$$-[\!\!\!-X=人；\rightarrow [\!\!\![\ C=物$$

矢头表示创造真几之性，括弧表示结构之性，类不同之性。在人处，天命流行之体能内在于括弧内，直贯下来，而为其自己之创造真几之性。同时亦复有括弧所表示之类不同之性。而在物处，则天命流行之体不能内在于括弧内，不能直贯于其个体之内而为其自己之创造真几之性，故只剩下括弧所表示的结构之性，类不同之性。然则，人物同体，在物处，体只是外在地为其体，不能吸收此体复为其自己之性。而在人处，则既外在地为其体，复内在地为其体，故复能吸收此体以为其自己之性。正宗儒家都是从矢头处说性，不是从括弧处说性。故其所说之性皆非结构之性，"类不同"之性。而人禽之辨是价值不同，不是"类不同"之不同。

从矢头处说性，则性虽就个体立名，然就其根源处之为"体"言，则是普遍的（妙万物而为言），亦是一而非多，是同而非异。

个体虽多为异，然此性却不因其多而为多，因其异而为异。它只是一，只是同。"月印万川"，实只有一个月亮，并无万个月亮。因此，此性既非结构之性，类不同之性，当然亦非定义中之性。定义中之性，是一个知识概念，而此性却是一个价值概念。从此性说人禽之辨，见人之所以为人的"本质"，此"本质"是价值意义的本质，并不是定义中的性之为本质。此本质是矢头所表示的实现之理（创造真几）之为本质，而不是括弧所表示的结构之理（实然的知识概念之理）之为本质。

结构之性，类不同之性，可否也讲出一个宇宙论的根源？当然可以。此就是阴阳五行之气化。天命流行，乾道变化，不离阴阳五行，可也不就是阴阳五行。如果只从阴阳五行之气化来说结构之性，则结构之性似乎也可以说是"天命之谓性"。《庄子·知北游》篇所谓"性命非汝有，是天地之委顺也"，似乎就是只从天地气化来说委顺之性，这也似乎就是"天命之谓性"了。然而在儒家，根据天命、天道下贯而为性，这一老传统，而说的"天命之为性"，却不是只就气化委下来而说的"性"。这个性当然是偏重"道"方面说的，偏重"天命流行之体"、创造真几方面说的。此是道边事、神边事，不是气边事。此是道之一、神之一，而不是气之多。此决不可误会。我们可以说，从气化提起来，而说寂感真几、说天命流行、说天命流行而为性，那便是《中庸》所谓"天命之谓性"了。至于顺气化沉下来而说"天地之委形，天地之委和，天地之委顺"（《庄子·知北游》），那当该是结构之性，类不同之性，它是自然生命的了。"天命之谓性"，决不可从这一面说。因为这只是"气命"，并不是"天命"。气命之性即是气的结聚之性。告子"生之谓性"，也当该是这种气的结聚之性。后来王充所谓"用气为性，性成命定"（《论衡·无形》篇），便完全讲的是这"气命"之性了。但是"天命"之性，无论如何，却总是道边事（故曰"率性之谓道"），总是一种超越意义之性，价值意义之性。《易经·乾·彖》："乾道变化，各正性命。"也就是贞定这种性。《易·系辞传》："一阴一阳之谓道，继之者善也，成之者性也。"也就是成的这种性。《易·说卦传》："穷理尽性以至于命。"也是尽的这种性。《大戴礼记》："分于道谓之命，形于一谓之性。"（《本命》篇）这尤其显然是"天命之谓性"之最佳的另一种表示。凡这些语句，皆与"维天之命，於穆不已"，"民受天地之中以生，所谓命也"，为同一思理中的语句，皆表示"天、天命、天道下贯而为性"这一老传统。这一老传统中的"性"皆不可说成材质主义的气命之性。此即是儒家从天道处说下来的"道德理想主义"之色彩。这色彩决不可随便抹掉。儒家的尊严以及其所以为正宗处，完全靠这一传统中的"客观性原则"来提挈、来纲维。当然孔孟别开生面，由仁、智、圣及性善开出"主观性原则"，其价值尤大，它可以定住那老传统中的纲维于不坠，不至坠落而为"气命"。如果没有一种真实的道德生命与超越感，那坠落是很容易有的。这也好像如果没有耶稣，那上帝也是很容易坠落的。上帝的光辉是放不出来的。

第九讲
对于"性"之规定（二）：孟子一路

　　对于性之规定的第一路，是从天命、天道的传统观念开始，而以《中庸》"天命之谓性"为总结。这是绕到外面而立论的，其中所谓性简直就是创造性，或者创造的真几。但这似乎很抽象。于此，人们可以问：这个性的具体内容是什么呢？我们是否可以直接肯定它就是善呢？我们在上讲里，常提到它总是超越意义的性、价值意义的性。如此，它似乎是善的，它有道德的含义。然它这个道德的含义，似乎尚不能从它自身来证明。如此似乎尚不可以直接地肯定它就是善的；如果一定要赋予此"性"一个"道德的含义"（Moral implication）——善，充其量仅可认为是一种默许，绝不能直接地说它就是"道德（上）的善"（Moral good）。假如需要对性作深入的了解，那么我们不应容许自己满足于"创造性"这个抽象的说法，而应直接认为道德的善就在性之中，或者说性就是道德的善本身。

孟子便走这路去规定性。

首先，孟子把性视为"道德的善"本身；其次，他视性为"道德性"（Morality）之性，即直接从人的内在道德性说性。根据以上两点可以证实（Verify）第一路所言的"创造性"即是"道德的创造性"（Moral Creativity），不是"生物学（上）的或自然生命的创造性"（Biological creativity）。后者的典型就是艺术天才的创造力。这种创造性根源于生物的生命，原始的自然生命。艺术天才的自然的（Natural）生物生命（Biological life）具有强烈的潜力。潜力等到适当的时机，自然会放射出来，构成伟大的艺术创作。譬如说"李白斗酒诗百篇"，天才的诗人受了好酒的触发，于是迸发了潜在的生命力，随手写出好的诗歌。然而，诗仙的创造性亦不外生物生命的创造性而已，并无道德的含义，亦无道德的自觉。具有道德含义的生命必然属于精神方面，是精神生命（Spiritual life），不是原始的自然生命。例如耶教所言上帝的创造性，亦是属于精神方面的。耶稣所说"我就是道路、真理、生命"中的生命当然也是精神生命。《中庸》《易传》所代表的对于性的规定的第一路，虽被赋予以道德的含义，但是究竟不能说就是"道德的善"本身，便是因为道德的善不能从上帝或天命、天道处讲。中国古代的"道德"观念从天命、天道而来，正如西方的道德观念从宗教上的神或上帝而来（即道德基于宗教）。可知中西方道德的原始型态，均依赖超越方面的天或神。可是道德的非原始型态，必须直就道德说道德，道德必须有其自身的建立处，不能绕出去从外面建立。从外面建立，道德本身不能自足。因而，其本身不能有清楚的意义。所以必须转到重视内在的讲法，建立"道德的善本身"之善以及"道德性本身"之性。

"道德的善本身"通过什么才能被肯认呢？必先通过内在的"道德意识"（Moral consciousness）才可显露道德上的善与不善，换句话说：道德的善本身必由道德意识发出，亦即是说：道德的善不能离开主观方面的道德意识。人类一方面有罪恶感（Sense of sin or guilt），另一方面又有道德意识，使人受罪恶感的折磨，不安于陷溺于罪恶的深渊，而要从罪恶的深渊爬出，故此道德的善是针对罪恶意识而显的。通过主观方面的道德意识，对罪恶才可有清楚的感受。由清楚的感受，才可有清楚的概念（Clear concept of sin）。如此，才可再了解道德的善，对道德善本身亦有清楚的概念。牧师对人说人皆有原罪，并不能引发人的罪恶感。原罪的说法是抽象的、凭空的、毫不真切的。如要原罪的观念对人由抽象凭空而转为具体真切，必须有待于人的亲身感受，这感受当然与上帝无关。通过亲身的感受，引发了道德意识，才可对道德的善与罪恶有一个清澈的概念。有些人天天大谈道德与宗教，好话的确说尽了，可惜他们坏事也做尽，沦落至无恶不作，便是由于缺乏对罪恶的亲身体验，而罪恶感的缺乏正因其道德意识的缺乏。

罪恶感既然如此重要，然则什么是罪恶呢？罪恶不是客观的实在物（Objective being）。宇宙万物从客观方面看，本无罪恶可言。所谓罪恶，纯粹是由道德意识中的道德的善映照（Reflect）出来的。例如说谎言，从客观言之，不过是唇舌喉等的一种活动；又如偷盗，从客观言之，仅为对物体存在空间所作的转移。如此，说谎与偷盗均不可谓恶。然而，经过道德意识中道德的善的映照，才真感觉到说谎不只是唇舌喉的活动，而确是一种罪恶，偷窃亦不只是一件东西之空间转移，而确是一可耻的行为。可见罪恶不是"正面的存有"（Positive being），而是经过道德意识的映照才呈现于人心的。因此，它也是很具体的。只有在此情形下，罪恶才是一清楚的概念。

道德意识不但能映照罪恶，即使宗教上的神之为至善，亦须人心中的道德意识之道德善去证实。神（上帝）本来是绝对的存在，是超善恶的，是不可能被人间任何形容词所描绘的，但是人仍说上帝是善。超善恶的上帝必然是至善的。然而，上帝的至善也必赖人类主观方面的道德意识中之"道德的善本身"去证实。正如王阳明四句教首句所言的"无善无恶心之体"，心之体无善无恶，既是超善恶的对待相，故为绝对之至善，此至善亦需人的道德意识去证实。在阳明，即是由"知善知恶"的良知之为至善去证实心之体之为至善。至此，我们明白为什么"善"非从道德意识讲不可。孟子即从道德意识建立他的性善论，开出规定"性"的第二路。认清这路之后，使人更觉得第一路所说的性之有道德的含义，亦只是默许之含义而已。它实是由人的道德意识放射出的。人们不反省此道德意识中道德的善之当身，而却指手画脚去说神的善，天命的善，这也是百姓日用而不知，而却只知那影子。

以上说明了道德的善的本身，这里继续说的是作为"道德性"的性。道德性的性亦只能直接从人的道德意识建立，不能从上帝或天道处建立。然则人之内在道德性之性从哪里去了解呢？人皆有不安于下堕而至沦落的本性，不安于下堕于罪的本性便是道德性。孟子眼看出人类这个特征，确是难得。不安于罪表示从罪中跃起的心愿与能力，这心愿与能力可以说就是创造的力量，从此才可了解人的创造性与理想性。生物生命的创造性只是机械的（Mechanical），唯有精神方面道德方面的创造性才可算是真正的创造性（Real creativity）。它是属于精神的，所以它又代表理想性（Ideality）。理想的最后根源必是这创造性。这样的理想性才是"真正的理想性"（Real ideality）。世人惯说的理想只是对未来的希求，只从未来未实现处说理想。毫不知理想是从不安于罪恶中跃起的心愿这个根源上说。如只是从未来未实现处说，则凡升官发财之类皆可说为理想。其实这不从内在道德性之根发，故不可说是理想，只可说是对未来的私欲或欲望。硬说它是理想就是导人入邪路（Misleading）的了。创造性可谓（道德）价值之源，由此可知。孟子为了了解与定住"天命之谓性"的性之真实意义，直接从道德意识论性，使性之意义不再含糊不清（Obscure）或引人入邪。而通过主观的道德意识来了解并且定住性的全副意义，正好比耶教中人教人通过耶稣了解并且定住上帝的全部内容一样。我们说"天命之谓性"那个性是创造的真几，现在我们由孟子的内在道德性之创造性来证实并定住这创造真几就是道德性的创造真几，证实并定住它的道德含义是不可移。

　　孟子承接孔子的仁、智、圣三个观念，仁智圣都是主观性原则（参考第七讲）所统属的。圣又是践仁的最高境，故孔子的中心思想在"仁"一字。孔子一生做的就是践仁的工夫，孔子的生命直是践仁的生命，仁是一切德性所从出，是真正生命的代表。孔子说仁已包含着智，且已包含着恭敬忠、恭宽信敏惠。故说仁是一切德性之所从出，孟子即由此仁心之全而说人之性，人之所以为人之理，真几。这样说性，意义最大的，便是孟子直接表达道德意识。（道德意识虽为近代名词，但可恰当地去解释古意。）这道德意识即指"道德的心"（Moral mind）说。孔子《论语》中未曾有"心"字。"心"的概念是首先由孟子创出的。其实是自然就可从仁转出的。孟子对人的道德心，分四方面即"四端"去了解（见《孟子·公孙丑》）：

（一）恻隐之心，即不忍人之心。孟子说："人皆有不忍人之心……所以谓人皆有不忍人之心者，今人乍见孺子将入于井，皆有怵惕恻隐之心，非所以内交于孺子之父母也，非所以要誉于乡党朋友也，非恶其声而然也。由是观之，无恻隐之心，非人也。……恻隐之心，仁之端也。"用今日的话说：恻隐之心的引发是由于道德的感受。

（二）羞恶之心。孟子说："无羞恶之心，非人也。……羞恶之心，义之端也。"羞恶之心是由憎恶罪恶而起。

（三）辞让之心，或作"恭敬之心"。孟子说："无辞让之心，非人也。……辞让之心，礼之端也。"辞让之心或恭敬之心也都是真正内发的，不是虚伪的。孔子说："人而不仁，如礼何？人而不仁，如乐何？"便是这个道理。

（四）是非之心。孟子说："无是非之心，非人也。……是非之心，智之端也。"智有两方面的意义，即知识方面与道德方面的意义。中国传统思想中的"智"的观念是属于道德方面是非判断的智。是非即道德上的善恶，引发是非之心就是从心表现道德性。

孟子一路何以可与《中庸》《易传》一路合在一起呢？两路原

来已有默契：根源于"天命之性"，而"天命之性"亦须从"道德性"了解、印证和贞定。说两路非合不可，又有什么根据呢？这根据很著名，即是《孟子·尽心》章所云："尽其心者，知其性也；知其性，则知天矣。"尽怎样的心？当然是道德的心；充分实现（尽）道德的心，才可了解天的创造性，证实天之为创造真几义。

孟子亦说："诚者，天之道也。思诚者，人之道也。至诚而不动者，未之有也。不诚，未有能动者也。"这已和《中庸》说诚完全相同。"思诚"即《中庸》之"诚之"。"动"即《中庸》之形、著、明、动、变、化。"思诚"亦"尽心"之义。心量无限，心德无尽。"苟能充之，足以保四海"，"上下与天地同流"，"万物皆备于我"，此即足以知天，证实天命於穆不已，证实天道为一创造之真几。尽心知性虽未能把握天命、天道的全副奥秘，但至少可以证实并定住其道德含义，证实并定住其为创造之真几。并最低限度可以获得一个管窥天道的通孔，通过这个孔道至少可与天道取得一个默契。知天的知不是科学性的积极的知识（Positive knowledge），而是以尽心为根据的默契，此是消极意义的知识（Negative knowledge）。孔子五十始知天命，意味着孔子做尽心知性的践仁工夫，至五十岁才遥遥地与天取得默契。可是究竟是默契而已，天道永远不能好像科学知识一样地被人全盘掌握。天道永远是玄妙深奥不可测的。可是默契所表示的是生命之全部渗透于天道，这也就是尽其奥秘，但却不是测度之知。天道只可契（玄合）而不可测，只可尽而不可度。是以中国社会流行的占卜，如源出道家或阴阳家的术数之学，甚至宋儒邵康节的学术，都被许多人相信可以预测未来。然而在儒家心中，对天命、天道应予敬畏，不可随便乱测。否则"窥破天机"是不祥的。因为"天机不可泄漏"。"窥破""泄漏"天机等于偷窃天机，是盗贼的行为。故《礼记·经解》篇云："易之失贼。"严格地说，术数之学不能把握天道。如说天机可以泄漏，可以把握，那就等于降低了道德意识。儒家主张对天道的遥遥默契，有极强烈的道德意识在。这个道理在古时中国是很易为人了解的，但在今日却正为肆无忌惮的堕落所埋没了。

了解孟子的性善说，才可了解并从而建立人的"真实主体性"（Real subjectivity）。中国儒家正宗为孔孟，故此中国思想大传统的中心落在主体性的重视，亦因此中国学术思想可大约地称为"心性之学"。此"心"代表"道德的主体性"（Moral subjectivity），它堂堂正正地站起来，人才可以堂堂正正地站起来。人站起来，其他一切才可随之站起来，人不能站起来，那么一切科学、道德、宗教、艺术，总之，一切文化都无价值。这是中国思想的核心，所以孟子是心性之学的正宗。宋明儒中的周、程、张、朱一路大体不是顺孟子一路而来，而是顺《易传》《中庸》一路而来。陆王一系才真正顺孟子一路而来。可知程朱、陆王分别承接了古代对性规定不同的两路。离开这两路的当然不是中国的正宗思想了。

如告子说"生之谓性"，只看到人的自然生命；荀子虽为儒家，但他的性恶说只触及人性中的动物层，是偏至而不中肯的学说；西汉董仲舒把春秋战国所有的自然生命转到"气"处言，也是偏至而不中肯；东汉王充主"用气为性，性成命定"之说，亦讲"气性"，始创了中国的定命论；至三国刘劭的《人物志》，更从"气性"转到"才性"。以上五人是中国心性之学的旁支之五个最重要的代表。这条旁支经过上述五大步的发展，对心性之学的正统起着补足辅翼的作用，因此亦有不可忽略的价值，尽管其价值远逊于正宗思想的价值。至宋代，这旁支所言的性——归结于程朱之流所论的"气质之性"，而孟子与《易传》《中庸》所论的性则归结于宋儒所说的"义理之性"或者"天地之性"。至此，中国的心性之学，已获得最具概括性的总结。其他论性的思想者，如扬雄、刘向、陆贾、韩愈等，只不过是心性之学旁支的旁支而已。

第十讲

复性的工夫

　　我们以上二讲所论者乃对性之规定，主要系自正宗儒家的两路说：一、自老传统天命天道的观念，至《中庸》"天命之谓性"一语为结集系一路；二、自孟子本孔子仁智的观念以言即心见性之性善说为一路。此外，我们还提到从自然生命言性，即自"生之谓性"一路言性，此路始自告子，经荀子、董仲舒、王充，而发展至刘劭《人物志》之言才性。这可说是第三路。我们以上只就前两路说。此最后一路，并未多讲，只简单地提到。

　　中国学术史上之论性，至宋儒始将《中庸》与孟子所言之性综言之为：天地之性与义理之性；而以告子、荀子、董仲舒、王充、刘劭等自自然生命言性者融和之转化而为气质之性。所谓气质之性乃系自天地之性或义理之性作道德实践时所引出者。道德实践，积极地讲，是在实现天地之性或义理之性，消极地讲，即在变化人之气质。宋明儒者言变化气质，不能不正视性之两面。换言之，即变化气质必以天地之性为标准而言变化。若无此标准，则变化气质之意义与价值便不可说。而同时亦正视性之陷于或限于气质中，故必变化之以畅通天地之性。所谓气质之性，依朱子的解析，即是天地之性之落于气质中。天地之性是性之本然，是就性之自身说。气质之性则是就有生以后，性之落于气质中说。故气质之性即是气质里边的性。只是一性，而有两面说：抽象地说与具体地说。就性之自身说，是抽象地说。就性之落于气质说，是具体地说。如此，"气质之性"中之"之"字与"天地之性"中之"之"字，意义不一样。如一样，则是说的两种性，而不是一性之两面说。说两种性，本来未尝不可。如是两种性，则"气质之性"是就人所禀受之气质之或刚或柔、或清或浊、或厚或薄、或特别聪明（上智）或特别愚笨（下愚）、或宜于此而不宜于彼，等等，而说一种性。此即普通所谓脾性。而董仲舒、王充所说之"气性"，以及《人物志》所说之"才性"，亦都是这种性。但是朱子所说的"气质之性"，则不是就此气质本身而说一种性——气性或才性。清浊厚薄只是气质，而"气质之性"则是说的这清浊厚薄之气质里的性。故性只是一而两面说。说两种性与一性之两面说，本亦可以相融而不必有冲突。但朱子却并未就这气质本身而建立一种性。他只正视这气质对于"义理之性"之限制。天地之性或义理之性是同而一，但因气质之限制而有了差别。性在气质里边有一点表现，也在气质里面受了限制。此即是朱子所说的"气质之性"，不就是汉儒所说的气性、才性，但可以说是从那里转化来。天地之性既是同而一，因气质之限制而有差别，则可见差别是在气质处。气质是个个不同的：有刚有柔，有清有浊，有厚有薄，有上智与下愚，有好有不好。此一面，亦不是完全不合道德的。其间有合道德性的，亦有不合道德性的，而道德实践所欲变化或克服之气质，即是使合道德性者更顺适调畅而得其正，使不合道德性者渐转化之使之合。

本讲所欲言者，乃复性之工夫。所谓复性，即恢复我们之本体性。欲恢复作为本体之性，即须克服或转化我们之气质之不善不正者。我们说性是真正之主体或真正之本体，此一主体或本体是遍在于任何人的。"非独贤者有是心也"，人人皆有之。"贤者能勿丧耳。"（孟子语）此主体亦系我们之真正的我（Ego）。

我们普通泛说的"我"，可分为三方面说，即：一、生理的我；二、心理的我；三、思考的我（Thought=Logical Self）。此第三项的我，是抽象的我。所谓抽象的即除去心理的具体情态所剩下的纯理智的思考。法哲笛卡尔（Descartes）"我思故我在"一名言中所指的我，即是指抽象的逻辑的我。此上一、二、三项所称的我，都不是具体而真实的我。具体而真实的我，是透过实践以完成人格所显现之"道德的自我"。此我是真正的我即我之真正的主体。

依儒家义，人人都有此主体。但此主体虽个个人所具有，却不必皆能全然地表现于其自己个人身上。孔子赞颜渊亦只称其"三月不违仁"。可见此主体是有时表现，有时不表现，或有时表现得不够而只有"些许"表现。此所以有不表现或些许表现，而不能全然表现的缘故，乃因个人之私欲（坏的气质）冒升，致使主体隐伏。气质之表现为刚或柔、清或浊、厚或薄，等等，都是气质之偏的表现。如"清"可表现为清贵、清明（聪明）之好的一面，但同时亦可表现为清浅浮薄，此便是不好的一面。即使是清明、清贵而是好的一面，亦常不得其寿。此是特显清明者之所以每每寿短之故，颜渊、王弼、僧肇即其显者；象山、阳明亦不及朱子寿长。可见表现为清者，有好处亦有坏处。浊气是坏的，但"动浊"亦不全坏。总之，不问清之好或浊之好，其所以为"好"，亦只是表现一个"偏"，尚未足以与于表现本体之全。而于其表现见为坏的一面，则更不必言矣。

言工夫，一般人都易以为始自宋儒。其实孔子要人做仁者，要人践仁，此"践仁"即是工夫。孟子道性善，言存养扩充，尽心知性，此所言者，无一不是工夫。又孟子言养浩然之气，则更是工夫之著者。《大学》言明明德，言格物、致知、正心、诚意，均是道德实践的工夫。至于修身、齐家、治国、平天下，更是实践的工夫。有"实践"处，便无不有工夫在。《中庸》言慎独、致中和——自喜怒哀乐处言致中和，此都是工夫。讲五达德、三达道，皆不能违离诚，而诚即是工夫。所谓"诚者自诚，不诚无物"，诚是关键之所在，亦即工夫之所在。

宋儒周濂溪、程明道等，虽亦重视工夫，但尚未正式开出工夫的途径。至伊川"涵养须用敬，进学则在致知"一语出，方是真正走上工夫之路。（伊川所言之"涵养"，其意系指涵养本体；言"进学"，即是《大学》之格物穷理。）朱子继之而言涵养察识，敬贯动静，工夫尤严而密。陆象山要人"先立乎其大者"，要人"尊德性"。其所言之"大者"，即本体，"德性"即孟子所言之心性。

象山在宋儒中正是更见大气磅礴的一位，但亦未开出工夫的途径。至明儒王阳明本孟子"是非之心，智也"一语，而倡良知说，言致良知。此方是这一系的工夫途径。刘蕺山取《中庸》之慎独，《大学》之诚意（亦含慎独），而将孟子之"心性"自"意"处去了解。一般人言意，系指："意者，心之所发"一义之意。此意乃意念之意（Intention），故人恒据此而言"发心动念"。蕺山不自"心之所发"言意，而言："意者心之所存。"心之所存，系存之（意）以作主宰义。

象山"尊德性"，"先立乎其大者"，首着重开悟本心。阳明将心转为良知，以良知指导人之生活行为；易言之，必将心转为良知，始可联结于人之实际生活。如眼前有黄金万两，依良知，此若非我之所有，我之良心自知不当取之；但人之私念，则常是想贪非分之财。此即所谓"有善有恶意之动"。良知驾临乎意念之上，自知其为善抑为恶。故阳明特别提出一个"致"字。唯致良知，始可全心之德、心之理。良知知事之当做与不当做，是人心中之定盘针。人心中有此定盘针，心德之实现才得到保证。蕺山言"意"，此一"意"字，约相当于西哲康德所言之 Will（道德意志）一字，不是 Intention（意念）一字。此一几微处，切宜辨别清楚，不可大意轻忽。蕺山言意为心之所存，贞定以为真主，乃是由"好善恶恶意之静"处见出。蕺山言"有善有恶心之动"。意是超越的真主宰，此方是真正的定盘针。"知藏于意"，则良知不至荡而肆。此是蕺山对于阳明之四句教之重新调整。儒家复性之工夫发展至阳明、蕺山始真"扣紧道德实践以成圣"之恰当相应的工夫。为时间限制，对于宋明诸师工夫之途径，不能详讲，只简单地提过。以下我们讲讲这内圣工夫中的若干含义。

第一，这种内圣工夫并不是普通所说的"认真去做事""认真为社会服务"，而是如友人唐君毅先生所说的"从根上消化那非理性反理性者"，乃是"自觉地求将心性本体实现之于个人自己生命者"。唐先生说西洋文化精神乃是自觉地求表现者，而中国的文化精神则是自觉地求实现者。所谓自觉地求表现，乃是说先从我们的理性上冒出一些理想或观念，然后再努力去表现这些理想或观念于客观事业者。而自觉地求实现，则是求将本有之心性本体实现之于个人自己身上，从根上彻底消化生命中之非理性反理性之成分。唐先生这个分别很好。"自觉地求实现"之工夫即是这里所谓内圣之工夫。孟子说："君子所性，虽大行不加，虽穷居不损，分定故也。"又说："君子所性，仁义礼智根于心。其生色也，睟然见于面，盎于背，施于四体，四体不言而喻。"孟子这几句话，就是"自觉地求实现"之工夫之最好的表示。《大学》说："德润身。"这"润"字亦是表示"自觉地求实现"之最美之词。这是最内在最根源的一种德性工夫。而自觉地求表现者，外表上虽然很积极（因为向外冒，向前冲），在成果上虽然有外效，然而在这根源处却常是不回头的，不清澈的，糊涂而混沌的，苍凉而暗淡的。他们从不向这本源处用心，也从不了解这种本准上的工夫。他们是求之于功效成果的，以功效成果决定一切。他们明于外而昧于内，始乎阳而卒乎阴，皆不免如济慈之夜莺呕血以死。这是英雄型的积极精神，而不是圣贤型的积极精神。"自觉地求表现"者尚不足以语于内圣之工夫，至于平常之"认真去做事"，"认真为社会服务"，尤不足以当这内圣之工夫。"去做事""为社会服务"，这表示是实践，不是空言。"认真"，这表示好好做：一、处理得好，这是智；二、处理得合道德，不背规矩、法律、道德，这是德。如此，这岂不是圣人的实践了？诚然，这已经算很好。但这尚不是内圣的工夫。当然，做内圣的工夫的人亦并非"不认真去做事"。但不只是这"认真去做事"。人当然要做事，不管是大事，或是小事。做事，亦当然要认真。这皆是不成问题的，自不待言。光只是"认真去做事"，或光只是本上帝的意旨"去为社会服务"，这并不表示真能清澈生命之渣滓，亦不表示真能做"从根上消化生命中之非理性反理性的成分"之工夫。亦并不真能开出生命之源、价值之源、理想之源。光只是祈祷上帝加恩，上帝赦免，上帝助我，上帝救我，这并无助于自己生命之清澈。这虽不无刺激提醒之切，在祈祷中，有忏悔的心理，内心之明无形中也透露了一点，但因情之外逐，一切求之于上帝，不能回鉴反照，自己生命仍然是幽昧混沌。不能回过头来正视那内心之明，求有以彻底实现之，则对于道德之善并无清楚的意识，对于罪恶亦并无清楚而具体的观念，因而亦并不肯自己负责做那"从根上彻底消化那生命中之非理性反理性的成分"之工夫。祈祷并不真能代表或代替这种内圣的工夫。这工夫是真要自己去做的：先在忏悔中正视那知是知非的内心之明——那超越的内心之明，步步彰显之。先在这里定住，不可转眼间又滑到上帝那里去，把这内心之明又堵回去了，弄糊涂了。此时最好先把那上帝忘掉。如是，才能把那无形中露出的一点内心之明予以正视，变成自觉的。否则，那只是不自觉地带出，又不自觉地隐没，而不知其重要，而自己生命又复归于混沌了。在正视内心之明而步步彰显中，即步步照射出罪恶的具体意义。步步照射之，即步步予以消化之。内心之明是"性海"。在步步彰显中，即是"自觉地求实现"之过程，同时亦即是"从根上彻底消化罪恶"之过程。此之谓内圣之工夫，生命清澈之工夫。

朱子说："《大学》格物知至处，便是凡圣之关。物未格，知未至，如何杀，也是凡人。须是物格知至，方能循循不已，而入于圣贤之域。纵有敏钝迟速之不同，头势也都自向那边去了。今物未格，知未至，虽是要过那边去，头势只在这边。如门之有限，犹未过得在。……某尝谓物格知至后，虽有不善，亦是白地上黑点。物未格，知未至，纵有善，也只是黑地上白点。"又说："格物是梦觉关，诚意是善恶关。"（《朱子语类》卷第十五）这是朱子自格物穷理，致知诚意，以言内圣之工夫。朱子之系统，就内圣工夫言。虽不无可批评处，然毕竟亦是内圣工夫之重要部分。故说"格物是梦觉关，诚意是善恶关"。总之是圣凡分别关。故云"物格知至后，虽有不善，亦是白地上黑点。物未格，知未至，纵有善，也只是黑地上白点。""黑地上白点"，即是生命幽昧混沌，根本是在梦中。"如何杀，也只是凡人。"此即上面所说，光只认真去做事，并不表示真能清澈生命之渣滓。内圣的工夫即是先要使我们的生命变成"白地"，此即所谓"觉"也。

第二，这内圣的工夫是以成圣为终极。故所言之性，无论是孟子一路所规定的，或是《中庸》《易传》一路所规定的，都是圣性，一如佛教之言佛性。所谓圣性，不是圣人之性，而是成圣之性。如说为圣人之性，人易误会这性单是属于圣人的。其实不然。这成圣之性是人人都有的。圣性即是成圣的先天根据。孟子从心讲性，便说："非独贤者有是心也。人皆有之。贤者能勿丧耳。"又说："至于心，独无所同然乎？心之所同然者何也？谓理也义也。圣人先得我心之所同然耳。"人人皆有可理义之心。"心之所同然"之然是"可"的意思，即肯定也。可理义即悦理义。故云："理义之悦我心，犹刍豢之悦我口。"理义悦心，故心必可之好之。是即人人皆有好善恶恶之心。故《大雅·烝民》之诗亦云："民之秉彝，好是懿德。"言好善恶恶是人之常性也。自《大学》以"如好好色，如恶恶臭"表示意之诚，表示"毋自欺"，刘蕺山即由此转而言"好善恶恶意之静"，言意为心之所存。好善恶恶即是知善知恶。故王阳明即由知善知恶言良知。故知也，意也，皆孟子所言之"心"也。此即人人所具有之先天之常性也。此即是圣性，亦即道德实践之先天根据也。道德实践之最高目标在成圣，故此常性即成圣之性也。

顺天命天道下贯而为性，此性亦不单是命给圣人的，是命给一切人的，而且天命流行，生物不测，"乾道变化，各正性命"，此道不单是命给人而为性，且亦为万物之本体。惟自性的立场上说，人以外的物不能吸纳此本体以为其自己之性，故此道只是外在地为其体，而不能内在地为其性。天虽命之，而彼不能具有之，故"各正性命"，于万物处，亦只是在乾道变化中，各正其物质的结构之性，而不能如在人处那样，复正其道德的创造性之性。此在前第八讲中，已经讲明。纵然如此，"天所性者，通极于道"（张横渠《正蒙·诚明》篇），则此天命之性必有绝对普遍性。性体无外，则此成圣之性必涵盖一切。圣人即完全体现了这无外之性，故其心量无外，德量无外。圣人如何能体现这无外之性？曰：由践仁以体现之。仁之感通无限制，故不能有外。故后来程明道云："仁者与天地万物为一体。"践仁而成仁者即是圣人。即由仁体无外，仁者无外，证实并体现了性体之无外。孟子曰："大而化之谓圣，圣而不可知之谓神。"《易·乾·文言》曰："夫大人者与天地合其德，与日月合其明，与四时合其序，与鬼神合其吉凶。"此即圣格之规定。因圆果满，因果不二也。性有外，不得谓之因圆。践仁而不至与天地万物为一体，不得谓之果满。孟子直从心言性，此心性亦无外。"扩而充之，足以保四海"，无一物之能外。"不扩而充之，不足以事父母"，无一物而非外。因心体无外，故云："万物皆备于我矣。反身而诚，乐莫大焉。"陆象山于此有一很好之注脚："万物森然于方寸之中。满心而发，充塞宇宙，无非斯理。"心体无外，故尽心即知此性，知此性则即知天。此亦因圆果满之大人也。佛教云："心佛与众生，是三无差别。"心即如来藏自性清净心，亦即佛性。佛是体现了此心的众生，众生是潜存的佛。心摄一切，佛备一切。因赅果海，果彻因源。成了佛，不增一毫。众生心亦具一切，不减一毫。故"心佛与众生，是三无差别"。差别惟在能体现与不能体现耳。王学门下喜言满街都是圣人。从因地以观，实是如此。满街都是圣人，自是潜存的圣人。是以儒家亦可说：心圣与涂人，是三无差别。圣是体现了性的涂人，涂人是潜存的圣人。性体无外，不欠一毫。圣果无外，不增一毫。果之所有，全具于性。性之所具，全现于果。是以因赅果海，果彻因源，因圆果满，无二无别也。知因圆果满，则知圆顿之教之所以立。性体无外是圆教。"大而化之"是顿教。（"反身而诚，乐莫大焉"，亦是顿教。）

第三，性体无外，心德无尽。因赅果海，果上是大海，因地亦是大海，此之谓"性海"。复性即是尽性，复要在尽中复。尽性即是尽心，尽性要在尽心中尽。性海无尽，故尽性是一无限过程，也可以说永远尽不了。依此而言，当无现实的圣人。盖心德性体并不是一抽象的光板，只待一悟便算复，便算尽。如我现在讲这心德性体，亦可以说是悟到了这一个体。诸位顺着我的讲说，似乎也可以肯认有这么一回事。但这不能说是复与尽。这只是一个影子，古人说是"光景"。现在亦可以说只是一个概念。纵使认得十分确定，我看也只是一个抽象的光板。这不是那具体的心德性体，也不是那具体的尽与复。具体的尽中复要在具体的生活上表现。这心德性体是要具体地渗透于全部生命中而朗润出来。孟子说："君子所性，仁义礼智根于心。其生色也，睟然见于面，盎于背，施于四体，四体不言而喻。"这便是具体的尽与复。心德性体具体地渗透于全部生命中而朗润出来，便是所谓"生色"。心德性体是要"生色"的。"生色"，方是具体的性体。生色而至于其极——成圣，这象征着心德性体这一理性的大海全部朗现，同时即表示全部生命朗润于这大海，彻底澄清，而无一毫之隐曲。此即宋儒所谓全部是"天理流行"。我们必须知理性是一大海，生命亦是一大海。理性大海全部朗现，生命大海彻底澄清，这便是圣。孟子说："大而化之之谓圣。""大"是心德性体之全部朗现，扩而充之，至于其极。"化"

是无一毫之黏滞、执着、冰结与限制。这便是圣了。也即是与天地合德，与日月合明，与四时合序，与鬼神合吉凶了。但这样说圣，可以说是理想的圣，也可以说这是圣之"形式的规定"。然而实际的圣人却常是有所憾的。《中庸》说："君子之道，费而隐。夫妇之愚，可以与知焉。及其至也，虽圣人亦有所不知焉。夫妇之不肖，可以能行焉。及其至也，虽圣人亦有所不能焉。天地之大也，人犹有所憾！"而何况是圣人？实际的圣人，遗憾总是不可免的。而若是实际的圣，而又无遗憾之感，那就不是圣，这实际的生命，便不可以圣去指目。

以上所讲只算是复性工夫中开端几个意思。顺此下去，将有许多深义奥义可说。但因时间关系，我们不能再讲。这个题目只好暂止于此。

第十一讲
中国哲学的未来

　　中国哲学的中心是所谓儒、释、道三教。其中儒、道是土生的思想主流，佛教是来自印度。而三教都是"生命的学问"，不是科学技术，而是道德宗教，重点落在人生的方向问题。几千年来中国的才智之士的全部聪明几乎都放在这方面。"生命的学问"讲人生的方向，是人类最切身的问题，所以客观一点说，我们绝对不应忽略或者轻视这种学问的价值。中国人"生命的学问"的中心就是心和性，因此可以称为心性之学。

　　三教的发展是源远而流长，根本未尝停滞。要说停滞也只可说在明亡以后的清朝三百年。可惜西方的学者大都不明此点，以为先秦既是中国哲学发展至高峰的时代，那么这高峰下降至两汉便是平地，即是说：中国哲学至汉代已停顿不前了。汉代哲学既无甚精彩，以后更不用说了。西哲首先作如是观的是德哲斯宾格勒（Oswald

Spengler，1880—1936）。在他震撼世界的名著《西方文化之衰颓》（1918 年出版）中，以他首创的文化循环断灭论，说中国文化生命的黄金时代只是春秋战国，至于秦汉以后，便以神魂全逝。（参看美人戈达德 E．H．Coddard 及吉朋斯 P．A．Gibbons 二人合著的《斯宾格勒之文化论》。）即不持斯宾格勒的文化观的，也大都以为中国自秦汉以后，其文化生命已停滞了，并无精彩可言。文化生命既停滞，哲学思想自亦无生气可说。若果真如此，则两千年来的历史完全是空白，非历史的历史。黑格尔即如此说。他说东方文化是文化的儿童期。他又说东方世界只知一人是自由的。他的论点，不专指哲学言，当然黑格尔亦是不承认中国有哲学的。这是他的专横鄙陋。这且不言。他的论点是综持以观，而重点是落在政治型态上说的，是就政体与法律说的。从这方面总持以观，当然黑格尔所说并非全无道理。但是从政治型态方面而作的总持与笼罩并不真能连其中的艺术、文学、道德、宗教、哲学，一起压缩下去，而统统贬损到停滞无生气的境地。希腊文化，亦没有发展到黑格尔所说的日耳曼世界的程度，他说它是青年时期，只代表美的自由。然而希腊哲学确有其高度的成就，有其永恒的价值。它永远是西方哲学之母。所以哲学自是哲学，一般的政治、法律、社会，自是政治、法律、社会。两者并不必卷于一起而同其命运。哲学可独自发展，道德宗教生命的学问亦可独自发展。佛教是与政治无关的。道家虽有关，然而是消极的。只有儒家向以内圣外王并举，对于政治是有积极性的。然而他的内圣之学仍有其独立的问题与独立的发展，即在外王方面，中国两千年来的政治型态仍然是儒家所痛心疾首、焦苦思虑的问题，虽未能得其畅通之道，然并非停滞浑噩，无所用心。即在这方面，中国的文化生命也总是在跳动酝酿的。哪里是如一般人所想象：两千年来完全是停滞无生气？关于这方面的症结，以及黑格尔的论点，我曾详言之于我的《历史哲学》及《政道与治道》两书。本讲辞不牵涉这方面，只就心性之学这生命的学问说。

我们应当严正地指出：明末以前两千多年来中国的三教所代表的文化生命，不但在发展成长的过程中未有停顿，而且高潮迭起。不错，站在西方哲学的立场，中国哲学似无价值，特别是两汉以后的哲学，因为中国文化没有开出科学与民主，似乎比先秦哲学更无价值，更易被人忽视，被人诅咒，但是，这种论调是似是而非的，它的根源在于近人的偏鄙。他们一睁开双眼，便仿佛除了科学与民主，什么都看不见。一切的道德宗教，仿佛都变为隐形的了。其实，科学技术、民主政治的重要，是人所共知的，很少人会愚蠢到认为中国不需要科学与民主。然而，人类还有其他方面的文化与学问，比科学民主对人类更为切身的，那就是正视生命的学问，即是上面说过的心性之学。中国人在先秦始创了儒、道两家的心性之学。两汉之后，心性之学发展得精彩层出。不但先后在魏晋和宋明两时代分别地把先秦的道家和儒家大大地发展推进，而且在魏晋与宋明之间的南北朝隋唐时代复摄受并且发展了从印度传入的佛教。三教一直在此起彼伏的状态中，或在沉静玄默地酝酿着，或在有声有色地显扬着。整个来说，是毫无间断的，可以说是一个大酝酿，也可以说是一个大显扬。显扬是就当代说，酝酿是就未来说。从大酝酿可以说中国哲学是晚成的大器。大器所以晚成，就是由于长期的积蓄与考验。中国哲学的积蓄是极丰富的，中国哲学所受的考验是极为频繁的。然而，中国哲学长期的大酝酿使人不能不承认它具有一大本事——经得起任何的挫折与苦难。抗日时代一个日本人曾说中国好比一个大海蜇，它的皮厚而韧，刺它一千锥子，它好像无反应。但见它在怒海狂涛之中浮沉翻转，而它的生命始终未衰。不错，中国民族具有坚忍不屈的民族性，近代日人领教了，将来必有他人领教。但是坚忍只是中国民族性的一方面，坚忍只在抵抗侵略挨受灾难之时显出，是消极方面的事；而在积极的进取方面，中国民族具有独特的优点，那就是消纳外来思想外来文化的高度融摄能力，从而我们亦可说中国是一个大海绵，仿佛对什么都能吸收接受。试看人类的历史，有哪一民族真能如此？中国两千年来的历史正好比长江出三峡，弯弯曲曲好像总在郁闷着。然而实可说是大酝酿。一出三峡，便直通大海了。

明白了中国哲学发展至明末才有停滞，现在让我们回顾两汉以后至明亡的中国哲学。首先，魏晋名士的清谈，把道家思想发展至极高的境界。虽然魏晋时代政治腐败，然而在道家玄理的发展史上，可谓黄金时代。名士谈玄所显的精彩，为后世任何年代的人所不能企及。平心而论，道家思想是生命的大智慧。近人向声背实，以近世功利主义的立场看它，便难免误以为它无价值。其实一切人生智慧人生学问都有价值，只因人是人，人要生活，更要生活的方向。魏晋以后的南北朝，在政治上确是糟透了。北朝统治者是胡人，为夷狄，南朝更为糜烂。幸而此时期的文化生命并未断灭，因为印度传来了佛教。南北朝整整数百年便是用于对佛教的接受和酝酿，酝酿至隋唐才达到最高峰。从消纳佛教，最可看出中国人智慧的精彩。功利主义者的心目中，佛教的人生智慧当然无价值。这看法的错误，是不待多言的。

魏晋的道家玄理与南北朝隋唐的佛学玄理，是中国玄学中最精彩的。魏晋玄学最具代表性的是王弼、向秀与郭象。王弼死年二十四，而他在玄学上的造诣，在中西哲学史上都极难找得敌手。他所注解的老子《道德经》，最能切合原意。他所注解的《易经》，亦有划时代的价值。他扫清了汉人的象数，独辟简洁精微的义理途径。向秀、郭象的注解《庄子》，亦独铸机轴，大畅玄风。思理既精，文字亦美。南北朝隋唐的佛学玄理方面，首先有讲般若的僧肇，他也是年轻即逝的哲人。他的杰作《肇论》为典雅的骈体文，谈佛理极为莹澈高圆。因此为它作疏的人甚多。中国佛学的第二个大人物是竺道生，虽然他讲的是佛教，但是具有孟子的灵魂。正如孟子在儒家人物中首先提出人人皆有四端之心，皆有良知良能，为人的成圣成贤发掘了先天的超越的根据，竺道生亦"孤明先发"，在佛学人物中，首先大胆提出了一切众生皆有佛性，皆可顿悟成佛，为一切众生成佛提供了先天的超越的根据，并提供了实现成佛的途径——顿悟，大开中国佛学圆顿之教之门。僧肇讲般若，代表中国佛学般若一系，而竺道生讲涅槃，又代表中国佛学涅槃一系。至隋唐，中国人自创了三个极具代表性的佛教宗派——天台、华严、禅。天台宗的开山祖是慧思，而大成于智顗，即隋炀帝所赐号曰智者的。智者大师真了不起，在谈心性的智慧方面，在融会消化佛教方面，其学思的地位真是上上的高才大智。他的《摩诃止观》真是皇矣大哉的警策伟构。西方古代的柏拉图、亚里士多德，中古的圣奥古斯丁、圣托马斯，与及近世的康德、黑格尔之流，在其学术传统中，都未必能有他这样的地位与造诣。而且，在修持践履方面，智者大师又是"安禅而化，位居五品"，当时称之为东土小释迦，可见其境界之高与声望之隆。西方哲人往往智思精严卓特而品德卑陋庸俗。此亦足见东西哲学之不同。华严宗的贤首，地位正如天台宗的智颉。他的《华严一乘教义分齐章》中言十玄门。即从哲学上讲，亦是最高的玄思玄理。这是中国和尚从消化佛经而展开的玄理，并不是印度原有的。这岂不是上上的哲学智慧？西方哲学中自古尚未有此圆融无碍的玄思玄理。然则他们岂不应正视此种哲慧以开展他们的玄理吗？焉得动辄谓中国无哲学？至禅宗，中国佛学发展至最高峰。禅宗的六祖慧能，便是辉煌奇特的人物。重要的，是他特别着重本心真切的顿悟。轻视本心以外的文字、偶像与仪式。其直指本心的独到之处，甚似孟子。因此我们可以说：孟子的灵魂，在中国佛学人物中，先后得到两次的"复苏"或再现。第一次是竺道生，第二次就在禅宗的六祖慧能。换句话说：竺道生是孟子灵魂在后世的第一步（次）化身，而慧能是孟子灵魂在后世的第二步（次）化身。总而言之，魏晋南北朝隋唐是中国玄理佛理发展的黄金时代。这种学问与科学民主均无关，而且在西方亦找不出这种学问，难怪西方人忽视或蔑视它。然而不管它的价值如何，起码我们不能赞同斯宾格勒的说法，因为东汉末至唐一直是道、佛两种玄理先后相继大显扬的时代，哪里有文化生命停顿之说呢？

佛学发展至唐代的禅宗六祖，已经酝酿烂熟到无可再发展的阶段，加上复杂的因素，宋初便有理学的出现。理学被后人称为新儒学（Neo-Confucianism）。这是由于它是先秦儒家思想的新阐发之故。理学大家如周、张、程、朱、陆、王等都是第一流的哲学家，与西方的大哲学家相比是毫无逊色的。而且，他们的成就，是超越哲学家的，哲学家的成就只在逻辑的思辨、理智的游戏（Intellectual play）上显精彩露头角便够了。西方哲人大多如此。所以罗素在《西方哲学史》论叔本华一章里亦不免衷心一叹："除了对动物仁慈之外，很难在他（指叔本华）的生活里找出任何具有美德的证据……。在其他一切方面，他是完全自私的。一个深切地相信制欲与放弃这种美德的人，竟然从来未有尝试把自己的信念付诸实行，那是难以相信的事。"（It is hard to find in his life evidences of any virtue except kindness to animals.... In all other respects he was completely selfish. It is difficult to believe that a man who was profoundly convinced of the virtue of asceticism and resignation would never have made any attempt to embody his convictions in his practice.）叔本华的确如此。许多西方哲人私生活的庸俗不下于叔氏。即罗素本人亦不能自外。罗素这话点出了西方哲人品德上的弱点，从而亦可从反面映照出中国圣哲既哲且圣或者中国贤哲既哲且贤的优点。我们可以套用罗素的语言，说：典型的中国哲人，就是毕生尝试把自己的深切信念贯注入全部行为的哲人。（All typical Chinese philosophers are philosophers who have been through out their lives attempting to embody their profound convictions in the whole practice.）理学家可敬可爱之处在此，儒家人物可敬可爱之处在此，一切圣哲贤哲可敬可爱之处均在此。理学家都具圣贤型的人格，他们除了智慧高之外，还有极为强烈的道德意识。程朱一系的人物如此，陆王一系的人物亦如此。陆王一系最后一个代表人物刘宗周（蕺山），便是当明亡之际绝食而死的，从而亦可见他们对国家民族的高度责任感。

以上是中国自魏晋至明末学术生命的大概，从此可见三教此起彼伏式的发展使两千多年的文化生命绵延不断。可惜清代三百年，由于满族的高压，学者被迫研究没有生命没有血肉的考据学。民族的慧命窒息了，文化的生命随之衰歇了，两千多年的学统亦亡了。所以清代三百年是中国民族最没出息的时代。在明亡之时，中国文化在世界上的地位仍很优越，西方在十七世纪以前，无论科学技术、哲学、艺术均不及中国，至少并不高于中国。可是在文艺复兴以后，艺术大大地发展了。瓦特（Watt）发明蒸汽机，开出技术科学，掀起工业革命。牛顿以前的西方科学是纯理科学，此时又有技术科学的新发展，于是物质生活水平迅速提高。至今西方科学早已取得领导世界的地位。政治方面，有人权运动。宗教方面，有宗教改革。可知十七世纪后的西方在文化各方面，都是突飞猛进，日新月异，是一个开展畅通的时代。反观中国此时，沉沉昏睡，民族生命歪曲了、衰弱了，逼使考据学得到畸形的发达，而文化生命亦歪曲了、迷失了。因此，在清末西方列强相继侵略之时，显得不堪一击。中国的文化生命民族生命的正当出路是在活转"生命的学问"以趋近代化的国家之建立。中国第一次面对西方，是在南北朝隋唐时代，面对的是印度的佛教文化。（对中国说，印度亦可说属于西方。）而现在第二次面对的是西方的科学、民主与基督教的文化。科学与民主，尤其是民主，是近代化的国家之所以为近代化者。我们须本着理性、自由、人格尊严的文化生命来实现它。科学，须有求知的真诚来引发。这两者虽在历史上首先出现于西方，然我们之做此，严格言之，实无所谓西化，尤其无所谓"全盘"。就算是因它首先出现于西方而属于西方，亦只算是先进后进之别，我们借鉴它，学习它，仍然是各自做各的本分内的事，不能算是西化。中国人并非没有科学上的智慧，只是以往没有向科学的路走。过去走的是正视生命的心性之学一路。此路走得不错。我们仍可说：求仁得仁，有何怨哉？近代中国人研究科学的成绩总不算差，例如李、杨之获得诺贝尔奖金，可见中国人科学上的智慧并不差。平心而论，明朝如果不亡于清，那么依顺明末思想家顾、黄、王等人的思想，走儒家健康的文化生命路线，亦未始不可开出科学与民主。中国向来不反对知识的追求，求知的真诚，尤其不反对自由民主的精神。而这也正是顾、黄、王等人所要本着生命的学问以要求开展出的。可惜明亡了，使人产生无可奈何的一悲感。中国需要科学与民主，但是不可以它们来取代生命学问的地位，正如西方在科学与人权运动之外，还有宗教，这是西方文化最重要的灵感源泉。

基督教传入了中国几百年，但不见得能在中国盛行。基督教与中国传统文化相摩荡了许久，然而它能否如佛教一样，被中国人作极高度的融摄，那很难说。耶教将来在中国的地位，能否达到如佛教在中国的地位，讲者个人认为是很有问题的。纵使基督教能在中国广泛传播或变形，究竟由于民族心态之类的因素，看来它不会取得很高的地位。这问题是很值得正视的。中国以前曾根据传统的儒、道思想与佛教相摩荡，结果以儒道的智慧心灵吸收并且消化了佛教，今日一样也可以传统的儒、释、道三教与基督教相摩荡而融化基督教。无论如何，中国传统的大本，是不可亦不会丧失的。基督教自然有其精彩。凡是大的宗教都有其高度的真理性，亦皆可互相启发与补助。以前的理学家，由于受佛学的刺激，而对先秦的儒学作出深化的理解，如今的中国文化工作者，当亦可接受耶教的刺激，而对传统的三教作更深的理解。道德宗教方面如此，哲学方面当亦如此。西方哲学自民初输入，数十年来不少中国哲学专家对西方哲学已有成就。前言中国人学科学的力量并不弱。同样，中国人的哲学智慧亦并不亚于任何民族，中国人学西方哲学与逻辑的智力亦并不差。在此，我们看出了中国哲学未来的方向：

（一）根据传统儒释道三教的文化生命与耶教相摩荡，重新复活"生命的学问"。

（二）吸收西方的科学、哲学与民主政治，展开智性的领域。就哲学说，西方哲学中柏拉图、亚里士多德一骨干，莱布尼茨、罗素一骨干，康德、黑格尔一骨干，永远有其哲学真理上的价值。

可是，科学与民主在任何时任何地都不可能代替道德宗教。中国传统的三教始终可以再得显扬。而且很可能由于耶教的刺激摩荡而得崭新的发展。三教是几千年来中国人智慧积累而得的大本原、大传统，它们具有内在的"沛然莫之能御"的潜力，将来仍会是中国人思想的主流。至于科学与宗教能否相容的问题，也不难答复。此问题的关键在于人类本身，人类需要科学技术来提高物质生活，亦需要道德宗教来提高与安顿精神和心灵。谁也不能否定这点。所以科学与宗教是可以在大致上互不妨碍的，正如今日西方的科学与耶教可以相容，未来的中国社会，亦可让科学与宗教并行不悖的。假如人类同时需要两种东西，它们性质型态不同，不能互相代替，那么，人类除了让它们以最合理的方式并行，是别无他法的。这除了以民主政治保障信仰的自由外，亦需要有高度融和的哲学智慧来疏通与提撕。此乃为国谋、为学术文化谋者所必须应有的器识与容量。哪里有像今日喧嚷科学民主者必欲抹煞一切道德、宗教、哲学、生命的学问，这种蛮横不讲理的衰世怪现象呢？

第十二讲

作为宗教的儒教

——本讲是在台南神学院的讲辞，移此作第十二讲

我之所以得在台南神学院讨论这个题目，是归因于荷兰人贾保罗先生的盛意。去年，我和几位朋友发表了一篇关于中国文化的宣言，其中有涉及中国的宗教精神处。当时贾保罗先生首先注意及此，且节译为英文，期使基督教方面多予以了解。我们所以涉及此点，乃是因为：依我们的看法，一个文化不能没有它的最基本的内在心灵。这是创造文化的动力，也是使文化有独特性的所在。依我们的看法，这动力即是宗教，不管它是什么型态。依此，我们可说：文化生命之基本动力当在宗教。了解西方文化不能只通过科学与民主政治来了解，还要通过西方文化之基本动力——基督教来了解。了解中国文化也是同样，即要通过作为中国文化之动力之儒教来了解。

一、儒教作为"日常生活轨道"的意义

儒教若当一宗教来看时，我们首先要问一宗教之责任或作用在哪里。宗教的责任有二：

第一，它须尽日常生活轨道的责任。比如基督教就作为西方文化中日常生活的轨道，像祈祷、礼拜、婚丧礼节等等。佛教也是同样的情形，它也可以规定出一套日常生活的轨道，如戒律等是。在中国，儒教之为日常生活轨道，即礼乐（尤其是祭礼）与五伦等是。关于这一点，儒教是就吉凶嘉军宾之五礼以及伦常生活之五伦尽其作为日常生活轨道之责任的。此与基督教及佛教另开日常生活之轨道者不同。作为中国人的日常生活轨道之五伦，不是孔子所定的，而是由周公制礼所演成的。所以古时候周孔并称。因为能制作礼乐，能替人民定伦常及日常生活轨道者，非圣人不能。故《礼记·乐记》篇有云："作者之谓圣，述者之谓明。"故周公也是圣人。此即古人所说"圣人立教"，"化民成俗"，"为生民立命"的大德业，这也就是孟子所说的道揆法守。（孟子说："上无道揆，下无法守，国亡无日矣。"）

圣人非空言，他不是哲学家，凡是圣人立教，依中国传统的解析，他必须能制作礼乐，故云"作者之谓圣"。即不制作礼乐，亦必须能体道，而不在空言。此即《易传》所谓"默而识之，不言而信，存乎德行"。能将道体而履之于自家身心，无言而信，其境界是比空言玄谈之哲学家为高的。故中国认周公的制作是圣人的事业。

礼乐、伦常之为日常生活的轨道，既是"圣人立教"，又是"化民成俗"，或"为生民立命"，或又能表示"道揆法守"，故这日常生活轨道，在中国以前传统的看法，是很郑重而严肃的。所以近人把伦常生活看成是社会学的观念，或是生物学的观念，这是错误的。因为此中有其永恒的真理，永恒的意义。这是一个道德的观念，非一社会学的观念。比如父子所成的这一伦，后面实有天理为根据，因此而成为天伦，故是道德的、伦理的。严格讲，天伦只限于父子、兄弟，夫妇并不是天伦，但亦为一伦。父慈子孝、兄友弟恭，这是天理合当如此的。孔子说："子之爱亲，命也。不可解于心……无所逃于天地之间。"（《庄子·人间世》引）夫妇相敬如宾，其中除爱情外，亦有一定的道理，故《中庸》云："君子之道造端乎夫妇。"故夫妇也是一伦。师友一伦，代表真理之互相启发，此即慧命相续。伦之所以为伦，皆因后面有一定的道理使它如此，而这一定的道理也不是生物学或社会学的道理。皆是道德的天理一定如此，所以其所成之伦常也都是不变的真理。圣人制礼尽伦，为天地立心，为生民立命，有其严肃的意义。周公制礼，因而演变成五伦，孔子就在这里说明其意义，点醒其价值。故唐朝以前都是周孔并称，到宋朝因为特重义理，所以才孔孟并称。

二、儒教作为"精神生活之途径"的意义

儒教能作为日常生活的轨道，这是尽了其为教的责任之一面。但教之所以为教，不只此一面，它还有另一更重要的作用，此即：

第二，宗教能启发人的精神向上之机，指导精神生活的途径。

耶稣说："我就是生命，我就是真理，我就是道路。""道路"一词就是指导精神生活之途径。故耶稣的这句话在这里有了意义，不是随便说的。在佛教亦是如此，他们精神生活的途径在求解脱，要成佛。佛教经典中的理论及修行的方法，都是指点给佛徒一条精神向上之途径。

儒教也有这方面。周公制礼作乐，定日常生活的轨道，孔子在这里说明其意义，点醒其价值，就是指导精神生活之途径。孔子开精神生活之途径，是不离作为日常生活轨道的礼乐与五伦的。他从此指点精神生活之途径，从此开辟精神生活之领域。故程伊川作《明道先生行状》云："尽性至命，必本乎孝弟。穷神知化，由通于礼乐。"但是基督教与佛教却不就这日常生活轨道开其精神生活的途径。中国人重伦常，重礼乐教化，故吉凶嘉军宾都包括在日常生活轨道之内，并没有在这些轨道之外，另开一个宗教式的日常生活轨道，故无特殊的宗教仪式。

从孔子指点精神生活之途径方面看，它有两方面的意义：广度地讲，或从客观方面讲，它能开文运，它是文化创造的动力。在西方基督教也有这意义，故基督教是西方文化的动力。深度地讲，或从个人方面讲，就是要成圣成贤。此在佛教就是要成佛，在基督教就是要成为基督徒。（存在主义哲学家克尔凯郭尔说："我不敢自居为基督徒，我只是想如何成为基督徒。"）故宗教总起来可从两方面看：一、个人人格的创造，此即要成圣、成贤、成佛、成基督徒。二、历史文化的创造，此所以有中国文化、印度文化以及西方基督教文化等（文化之特殊性与共通性俱含在内）。现在人只从个人处来了解宗教，这是不全尽的。宗教除个人内心事情外，还有在客观方面担负文化创造的责任。

我们说孔子启发人的精神向上之机，指导精神生活之途径，此只是初步如此说。但我们当如何起步去做呢？这在孔子也有其基本的教训，基本的观念。《论语》一书在中国已讲了两千多年，到底这基本观念在哪里呢？哪几句话可以代表呢？孔子的基本观念，总起来只有两个：一为仁，二为性与天道。子贡说："夫子之文章可得而闻，夫子之言性与天道不可得而闻。"性与天道为圣人立教，开辟精神生活最基本的观念。后来宋明儒者即环绕此中心而展开其义理。

三、儒教在"精神生活之途径"上的基本观念：仁及"性与天道"

要了解性与天道，须先从仁说起。什么是仁？仁的意义是很难把握的。我们可以从两方面来了解：一、浅讲，此即视仁为德目的意义，即仁义礼智信中之仁。孟子亦仁义礼智四德并举。这样，仁即仁爱、爱人。"亲亲而仁民，仁民而爱物"，都是仁的表现。这似乎比较简单而粗浅。但德目的意义实不能尽孔子心目中的仁之根本意义，亦即不能使我们了解仁之深远的意义，丰富的意义。故须二、深一层讲。以我这几年来的体悟，孔子的仁，就是"创造性本身"。孔子在《论语》中讲来讲去，对于仁有种种表示。假若我们能综括起来，善于体会其意义，则他那些话头只在透露这"创造性本身"。谁能代表这创造性本身？在西方依基督教来说，只有上帝。孔子看仁为宇宙万物之最后的本体，它不是附着于某一物上的活动力。这"创造性本身"，后来又说为"生命之真几"。

仁之为宇宙万物之本体，首先它不是物质的，而是精神的。从拨开一切，单看仁之本身的意义，在宋明理学家他们都不会有误解。但后来清朝的谭嗣同在其《仁学》里，却把仁讲成以太，成为物理学的概念。这完全是错误。其次，此种精神实体要通过两个观念来了解：一为觉，二为健。觉是从心上讲。觉先不必从觉悟说，而须是从心之本身之"怵恻之感"来说。它有道德的意义。从怵恻之感看，觉就是生命不僵化，不黏滞，就是麻木不仁的反面意义。故我们现在从生命之怵恻之感来了解觉。所谓健，即"健行不息"之健，此亦是精神的。这不是自然生命或生物生命之冲动。《易经》上说："天行健，君子以自强不息。"《诗经》上说："维天之命，於穆不已。"《中庸》引此语而赞之曰："此天之所以为天也。""天之所以为天"即天之本质，天之德。儒家的天非天文物理之天，他重天之德。从"苍苍者天"，见天之内容，这个天之内容，即天之德，也就是天道也。"维天之命，於穆不已"，即天道运行到哪里，就命令到哪里。故天道运至此，就在此起作用，运至彼即在彼起作用。此"天行之命"是永远不停止的。纵使我们不觉到，它也在默默地运行，故曰"於穆不已"。"於穆"是深远的意思。

《中庸》接着又说："文王之德之纯，纯亦不已，此文之所以为文也。"文王的人格与天道一样，文王的生命与天一样。这就因为文王生命之背后，有真实的本体在起作用，故能不堕落而和天一样地健行不息，故其德之纯亦"不已"。并不是今天如此，明天便不如此。这就表示一个健行不息的真几永远呈现在他的生命中。这句话用来说孔子也可以，因为孔子也是这样，所以我们才称他为圣人。孔子就由这地方点出生命的真几，点出仁的意义。故我说：仁就是"创造性本身"。有谁能永远呈现这"创造性本身"呢？孔子称"颜渊三月不违仁"，此可见"不违仁"之难了。你有时好像可以三年不动心，一直在那里用功读书，这不是比颜子还要好吗？其实这不算数。因为你用功读书，由于外面有个引力在吸引你用功。一旦那引力消失了，恐怕你就不会再用功读书了。而"不违仁"的工夫，是要通过一个人的自觉的，自己要时时自觉不歇地在做成德的工夫。此谈何容易。

通过仁来了解性就容易了。此性不是时下一般所说的人性（Human nature）。孔孟所讲的性，不指生物本能、生理结构以及心理情绪所显的那个性讲，因为此种性是由个体的结构而显的。孔孟之性是从了解仁那个意思而说。所谓"性与天道"之性，即从仁之为"创造性本身"来了解其本义。人即以此"创造性本身"为他的性。这是人之最独特处。为人之性即为人之本体。它为你的本体，我的本体，亦为宇宙万物的本体。只有人可以拿这创造性本身作他的性，而动物就只能以本能来作它的性。更不必讲瓦石了。瓦石之性就是其个体之结构。儒家叫人尽性，不尽性就下堕而为禽兽。"尽性"即充分实现此创造性之意。这创造性本身落在人处，为人之性。若从宇宙大化流行那里看，就是天道。性是主观地讲，天道是客观地讲，此由仁那个观念而确定。此两面皆为仁所涵，贯通起来是一个观念。但创造性本身，就是生命的真几。我们讲恢复性，即恢复创造性本身。如何恢复呢？此就是孔子只是要人践仁成仁者，在孟子则要人尽性，尽性就是尽仁。尽性尽仁即可知天。此两点，即为孔孟立教之中心。

四、儒教何以未成为普通宗教的形式

现在我们要问，儒教何以未成为基督教型态，或普通宗教的形式呢？儒家讲天道，天道是创造性本身，而上帝也是创造性本身。如果把天道加以位格化，不就是上帝，不就是人格神吗？儒家的创造性本身，从人讲为仁、为性，从天地万物处讲为天道。人格神意义的上帝或天，在中国并非没有。《诗》《书》中就常有"皇皇上帝""对越上帝""上帝鉴汝，勿贰尔心"之语。孔孟虽讲性与天道，但亦有上帝意义的"天"，如"知我者其天乎"，"获罪于天，无所祷也"，"天之将丧斯文也，后死者不得与于斯文也。天之未丧斯文也，匡人其如予何"，都表示一个有意志的天。从情方面讲是上帝，从理方面讲是天道。既从情方面讲是上帝，则主观方面呼求之情亦并非没有。如司马迁也说"人穷则反本"，"未尝不呼天也，未尝不呼父母也"。此不但普通人有，即圣人也有。不但古人有，即今人也有。此呼求之情即类乎祈祷。

在主观方面有呼求之情，在客观方面天道就转为人格神、上帝。但儒家并没有把意识全副贯注在客观的天道之转为上帝上，使其形式地站立起来，由之而展开其教义。在主观方面也没有把呼求之情使其形式地站立起来。如使其形式地站立起来，即成为祈祷。此两方面在儒家并非没有，他只是把它轻松了。因为儒家的中心点不落在这里，其重点亦不落在这里。而这种呼求之情是每一民族、每一个人都有的。但基督教最彰显此点。所以基督教乃原始宗教精神保留得最彻底的宗教。儒家呼求之情未转为宗教仪式之祈祷，故客观方面上帝之观念也不凸出。它的重点并未落在上帝与祈祷上。

五、儒教的重点与中心点落在哪里

然则儒家的重点落在哪里？曰：它是落在人"如何"体现天道上。儒家不从上帝那里说，说上帝的意旨怎样怎样，而是从如何体现上帝意旨，或神的意旨，或体现天道上说。在此如何体现天道上，即有我们常说的重"主观性"之意义。开出主观性，则上下可通气。即主观性与客观性打通，而以道德实践为中心。儒教是真能正视道德意识的。视人生为一成德之过程，其终极目的在成圣成贤。所以其教义不由以神为中心而展开。而乃由如何体现天道以成德上而展开。自孔子讲仁，孟子讲尽心，《中庸》《大学》讲慎独、明明德起，下届程朱讲涵养察识，阳明讲致良知，直至刘蕺山讲诚意，都是就这如何体现天道以成德上展开其教义。这成德的过程是无限的。故那客观的上帝以及主观的呼求之情乃全部吸收于如何体现天道上，而蕴藏于成德过程之无限中。这里尽有其无限的庄严与严肃。

一般人常说基督教以神为本，儒家以人为本。这是不中肯的。儒家并不以现实有限的人为本，而隔绝了天。他是重如何通过人的觉悟而体现天道。人通过觉悟而体现天道，是尽人之性。因人以创造性本身作为本体，故尽性就可知天。此即孟子所说："尽其心者，知其性也，知其性，则知天矣。"这尽性知天的前程是无止境的。它是一直向那超越的天道之最高峰而趋。而同时尽性知天的过程即是成德的过程，要成就一切价值，人文价值世界得以全部被肯定。（这不是普通所说的人文主义。）家国天下尽涵其中，其极为"仁者与天地万物为一体"。罗近溪也说"大人者连属家国天下而为一身者也"。人之成德过程只有在连属家国天下而为一身，与天地万物为一体上，始能充其极而立住其自己。"己欲立而立人，己欲达而达人。"一立一切立，亦只有在"一切立"上，一己始能立，一得救一切得救，亦只有在"一切得救"上，一己始能得救。这不是个人的祈祷得救。这与佛教所说的"有一众生不成佛，我誓不成佛"，有其同一的饱满精神。

普通又说儒家比较乐观，把人的能力看得太高。如人有罪恶，而儒家却乐观地说性善，以为人能克服其罪恶。基督教不那么乐观，基督教认为罪恶没那么简单，人之能力不那么大，不能克服罪恶，须靠祈祷，求上帝加恩。但上帝加恩否，是上帝的事，不是人所能知的。上帝加不加恩还在上帝本身。关于这点，我们认为注意人如何体现天道，体现上帝的意旨，并不表示人可克服全部罪恶。罪恶无穷，尽有非人所能意识到者。故体现天道的过程亦无穷，成圣成贤的过程亦无穷。因儒家重体现天道，故重点不落在上帝加恩与个人呼求之情上，故重功夫，在功夫中一步步克服罪恶，一步步消除罪恶。但生命大海中之罪恶无穷，而功夫亦无穷，成圣成贤的过程亦无穷。其中的艰难，并非不知。故罗近溪云："真正仲尼临终不免叹一口气。"但不因艰难而不如此作。这是不能推诿的，理当如此的。但原则上理性终可克服罪恶，如上帝可克服撒旦。在基督教，凡上帝所担负的，在儒教中，即归于无限过程中无限理性之呈现。所以这不是乐观与否的问题，乃是理上应当如何的问题。

　　人力有限，儒家并不是不知道。天道茫茫，天命难测，天意难知，这在孔孟的教义中意识得很清楚。但虽然如此，它还是要说尽性知天，要在尽性中体现天道。所谓"知天"之知也只是消极的意义，而尽性践仁则是积极的。"知天"只是在尽性践仁之无限过程中可以遥契天。故《中庸》云："肫肫其仁，渊渊其渊，浩浩其天。"并非人的意识可以确定地知之而尽掌握于手中。故孔子"五十而知天命"是极显超越的意义的。又，所谓体现天道也只是把天道之可以透露于性中、仁中即道德性中者而体现之，并不是说能把天道的全副意义或无限的神秘全部体现出来。故《中庸》云："及其至也，虽圣人亦有所不知，有所不能。"尽管如此，还是要在尽性践仁之无限过程中以遥契之并体现之。故孟子曰："圣人之于天道也，命也，有性焉。君子不谓命也。"

　　依以上粗略的解析，我们可以说，宗教可自两方面看：一曰事，二曰理。自事方面看，儒教不是普通所谓宗教，因它不具备普通宗教的仪式。它将宗教仪式转化而为日常生活轨道中之礼乐。但自理方面看，它有高度的宗教性，而且是极圆成的宗教精神。它是全部以道德意识道德实践贯注于其中的宗教意识宗教精神。因为它的重点是落在如何体现天道上。

六、儒教如何轻松了"启示"的观念

还有一点，在当时因时间关系，没有讲及。现在再附识于此。这一点就是关于"启示"的问题。基督教是上帝启示的宗教。上帝启示他自己于自然界，于种种奇迹，最重要的还是启示于耶稣，而成为基督教。这也是以上帝为中心而展开的教义。依这种说法，耶稣是神而不是人。他是上帝的唯一化身（道成肉身），唯一圣子（独生子），圣子只有一个。上帝可能有许多化身，但是上帝化身为谁，这是上帝的旨意，不是人所能决定的。可是依基督教，他们说上帝只化身为耶稣。他们已很清楚地知道这是上帝的意旨。这个意旨是已经确定了的。至于他们何以知道上帝的意旨只是如此，这是很难说得通的。这点我们且不追问。我们所注意的，是启示。当然我们也可以视耶稣为人（当然不是普通的人）。但依基督教，耶稣之人的身份或地位，是偶然的。即，其本质是神，而不是人，因此其为神的地位是必然的。他是神化身而为人的样子，以与世人照面。从其为人的样子说，他当然是人。但其本质实是神，他的生命全副是神性。故云上帝的"化身"。因此，他所以是如此之生命，这是上帝的意旨所决定的，这是上帝所差下来的。这是天启、天意，并不是由于他的修养工夫而至的。即不说修养工夫，也不是直下肯定他是人，说他是由人而成的。

关于"启示"的观念，中国人也并非没有。《论语》说孔子是"天纵之将圣"。不要说圣人，就是做皇帝的，他们都说是奉天承运，说是天命所归。明朝熹宗皇帝的年号就是"天启"。佛教里神会和尚有这么两句话："世间不思议事，为布衣登九五。出世不思议事，为立地成佛。"布衣登九五，做皇帝，实在是不可思议的事。依佛教，法力不可思议，业力不可思议。布衣登九五实是业力不可思议。但依中国传统，则说是天。故刘邦自己也说："此岂非天耶？"做皇帝的都如此，何况是圣人？《论语》里固已有孔子是"天纵之圣"之说。孔子自己也说"天生德于予"。两汉人大都视孔子为神圣。这也可说是"天启"了，是上帝的启示，是上帝的特派。但是中国的传统精神并没有把意识全副贯注在这里，过分重视此点，以此点为中心与重心展开其教义。即孔子本人也并未过分夸大其天启的身份。这点和上面讲上帝与祈祷同。

中国的传统精神，儒教立教的中心与重心是落在"如何体现天道"上。在这如何体现天道上，最重要的是尽性。因此人性问题成了儒教的中心问题。但是我们前面已经讲过，孔孟的仁与性实即是"创造性本身"。就孟子"性善"之性说，性实即是"内在的最高道德性"，即冥合"创造性本身"的那道德性。从这里说，人人皆可以为圣人，而且人人都是平等的。人的尊严由此立。但是事实上究竟并没有人人皆成为圣人。在这里，天启的意识自然隐伏于其中。可是到后来，从刘劭《人物志》起，这人性问题又开出另一面来。这就是"才性"一面。因此，那"天启"的观念转化而为"才性"的观念。天启的先天与定然，转化而为才性的先天与定然。由此转而为宋明儒的"气质之性"。从这里讲，人是不平等的。这两方面合起来，一方保住了人的尊严、平等性与理想性，一方也保住了人的差等性与异质性。这差等性与异质性的根据即在"才性"一面。

宋儒的气质之性，佛教的根器与种性，都从这里说。圣人当然也有圣人的才资。《庄子·大宗师》篇说："卜梁倚有圣人之才，而无圣人之道。我有圣人之道，而无圣人之才。"可见"才"也是很重要的，而且是先天的，不是学得来的。这里虽然也说定而不定，可以变化，但究竟有限。这里令人有无限的慨叹与无可奈何。（"才难"的慨叹也含在这里面。）故"天启"的意识不能不油然而生。但也正因才性一面之开出，那"天启"的意识也较为轻松了，并没有郑重严肃地像基督教那样立出"唯一化身""独生子"的教义。一如呼求之情之并未转为祈祷。这并不是中国人或儒教乐观了，把事情看容易了，或把人与天道或上帝间的"紧张"减杀了，退缩了，枯萎了，乃是中心与重心转了，转到如何尽性践仁以体现天道上。全副紧张藏在这里面，天启意识的无限庄严也蕴藏在这里面。

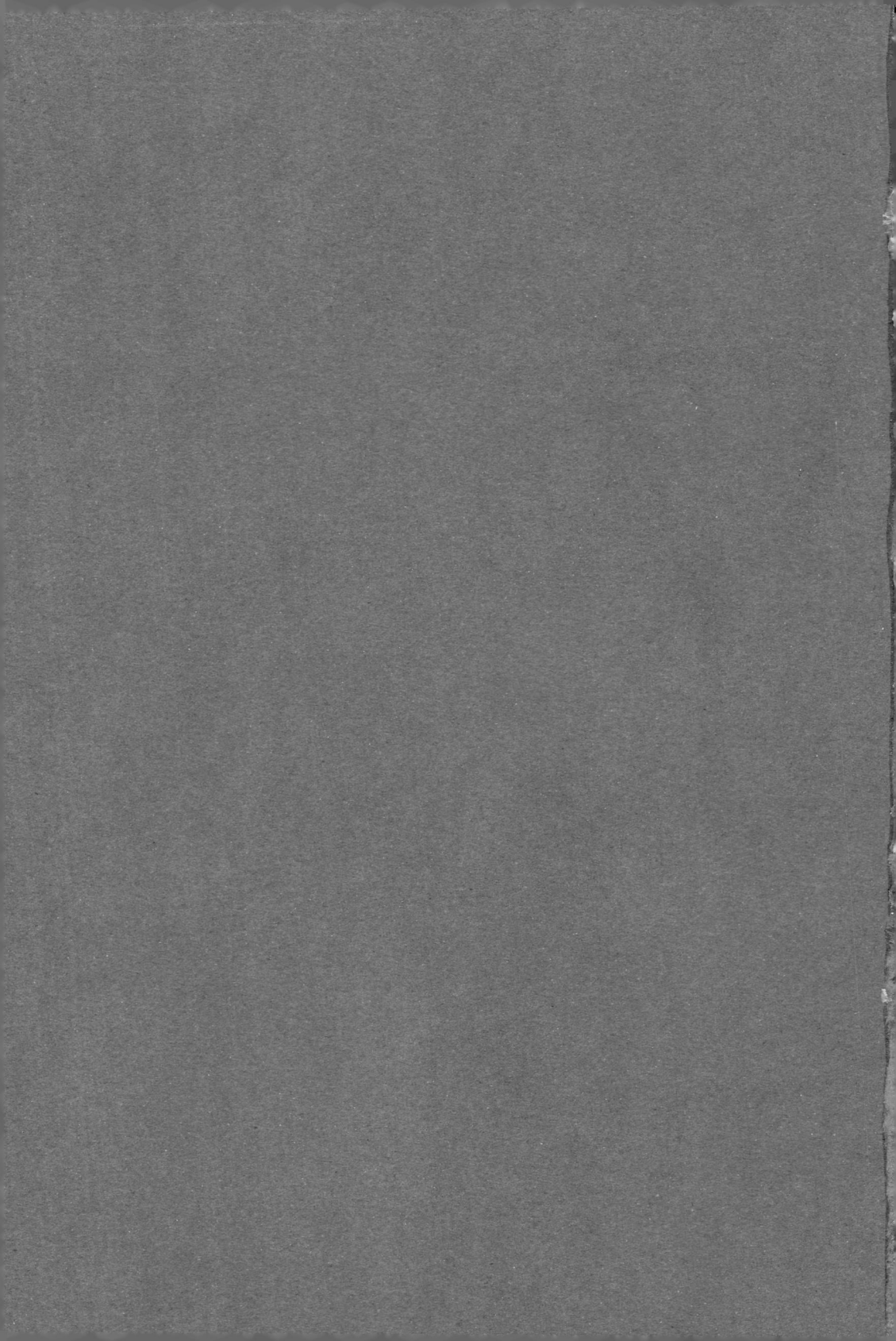